El sabor
de mi tierra

© 2011, Socorro Castellanos

© De esta edición:

2012, Santillana

Calle Juan Sánchez Ramírez No. 9, Gascue

Apartado Postal 11-253 • Santo Domingo, República Dominicana

Teléfono 809-682-1382 • Fax 809-689-1022

www.prisaediciones.com/do

Primera edición: abril 2012

ISBN: 978-9945-456-00-4

Registro legal: 58-347

Impreso en República Dominicana

Fotografía de cubierta e interiores: MARIANO HERNÁNDEZ • Otras fotografías interiores: JORGE CRUZ

Diagramación y diseño: MAYELINE ROSARIO • Dirección editorial: RUTH HERRERA

El sabor de mi tierra

SOCORRO CASTELLANOS

Fotografías de Mariano Hernández y Jorge Cruz

AGUILAR

A mis hijos Willy, Johanna y Jimmy

Bendícenos, Señor.
Bendice los alimentos;
bendice a quienes los han preparado.
Dales pan a los que tienen hambre
y danos hambre y sed de justicia
a los que tenemos pan.

Índice

Una bienvenida

Para apagar las nostalgias de los que se fueron —pero no se fueron— de su patria, aquellos que dejaron aquí su corazón, nada mejor que un sancochito con aguacate y arroz. O un mangú con cebollitas calientes, un chivo guisado, un moro, un cerdo asado en puya o en grandes hornos de leña, que acompañamos con una tisana de jengibre y de anís, abundantemente rociada de ron y de cerveza.

Si de fondo escuchamos el sonido del acordeón, la güira y la tambora, son imágenes imperecederas que hacen que el dominicano vuelva al mismo centro del sabor de su adorada tierra.

La deliciosa comida dominicana hace énfasis con el sabor de las abundantes hierbas finas existentes en la isla, que se siente en las mezclas de vegetales, especias y verduras con las que se da carácter a las cremas, los caldos, los arroces, las ensaladas y los guisos que hacen de la mesa dominicana una inolvidable experiencia.

Para hablar de lo que significa el convite en nuestro país, no puedo dejar de compartir las significativas notas del apóstol cubano José Martí en el contexto de uno de sus viajes a Santo Domingo, en procura de ayuda para lograr la independencia de Cuba del dominio español. En sus *Apuntes de un viaje. Mi estadía en Santo Domingo*, de forma sencilla se refiere a lo que en esa época —finales del siglo XIX— le brindaron en distintas casas. Martí narra cómo en el pueblo de Villalobos, cerca de Guayubín, le sirven arroz, huevos fritos, ron y café. En la casa de Máximo Gómez, en Laguna Salada, almuerza arroz, pollo, lerén, batata, auyama, casabe y café pilado endulzado con miel de abejas. En la casa de Jesús Domínguez, entre Laguna Salada y Esperanza, le sirven arroz, pollo, frijoles, viandas, queso del norte y chocolate. Cuenta a seguidas cómo de la casa de Manuelico El Gallero le traen café con anís y nuez moscada. Su relato deja ver la generosidad y la hospitalidad de los dominicanos para con el ilustre viajero.

También, al principio de mis andanzas literarias y culinarias, un buen día me encontré con *Anadel: La novela de la gastrosofía*, escrita por don Julio Vega Batlle. A través de ella fui invitada a pasar a la maravillosa dimensión culinaria de la isla, y fue grande la fascinación que me provocaron esas historias y el conocimiento de las comidas propias de los habitantes de la isla, mezcla de sibaritismo gastronómico y de sensualidad, donde el sol y el salitre revuelven las ganas enredadas en las frescas tenazas de suculentas langostas y pescados recién salidos del agua, que se degustan en la elegancia de mesas bien servidas. Confieso haber quedado atrapada para siempre por el deseo de hacer de las comidas un arte y toda una experiencia de los sentidos.

El sabor de nuestra tierra es un libro que habla de aromas, costumbres y sabores regionales, y pretende abrazar al lector con el gusto y el olor del ají y del cilantro. Busca hacerle recorrer nuestros orígenes y nuestra cultura gastronómica, llevándolo por un paseo a través de la golosa memoria de los sentidos.

Estas páginas las dedico especialmente a aquellos que viven lejos de su patria, siempre añorando su tierra, que mana leche y miel.

También a todos aquellos que atesoran su herencia culinaria y anhelan guardar de forma tangible, en sus casas y en sus paladares, una muestra gratificante de lo que recibimos de nuestros ancestros y de lo que somos, y comemos, hoy día.

Del paraíso taíno al tambor africano

Con la llegada de los colonizadores españoles a la isla se inicia el sincretismo en lo que luego fue la cocina dominicana. Aquellos hombres no solo traían su cultura, sino también un conjunto de alimentos propios de la larga travesía que acometieron y de su instalación en las nuevas tierras que buscaban: quesos, vinos, garbanzos, habas, arroz, almendras, carnes procesadas, ovejas, cerdos, carneros, res y pollo.

Después de su llegada a la isla de la Hispaniola, la escasez hizo que fueran sustituyendo sus alimentos por los de los indígenas. Se adaptaron a comer yuca y casabe, empezaron a guisar su comida a la usanza taína, consumieron vino hecho de zumo de maíz y de yuca, y utilizaron sus plantas medicinales.

Para su alimentación, los taínos tenían la yuca —su cultivo fundamental, del que hacían el casabe, una torta resistente al tiempo y a la humedad—, así como unos pocos tubérculos, los incomparables frutos del mar y, de tierra, el manatí, las babosas, la jutía y una especie de perro domesticado.

El casabe fue un importante aporte alimenticio para los españoles, ya que el pan que embarcaban desde Europa para sus largas travesías se dañaba con la humedad. Al conocer el casabe de los taínos lo asumieron, y algunos historiadores lo llamaron "el pan de la conquista".

La Hispaniola estaba llena de árboles frutales, y los españoles se encontraron con una dieta taína llena de frutas dulces. Dan gusto las descripciones del cronista de Indias Gonzalo Fernández de Oviedo de sus encuentros con esas plantas en su *Historia general y natural de las Indias*.

Al referirse al mamey, cuenta en el libro octavo, cómo abundaba en el suroeste de la isla, y que era uno de los más hermosos árboles que pueda haber en el mundo, "porque son grandes árboles e de muchas ramas e hermosas e frescas hojas e de lindo verdor e copados, e de buen gracia. La fructa deste árbol es lo mejor que hay en esta isla española… es de muy buen sabor e echa su fruta redonda y es muy redonda, por la mayor parte, en alguna algo más prolongada… y sabe a melocotón o duraznos, o es de mejor sabor, salvo que no es tan zumoso como el durazno, ni huele así".

Hoy el mamey está en vías de extinción, y los escasos encuentros con la sabrosa fruta afortunadamente producen exquisitos dulces y salsas agridulces, batidos, conservas y mermeladas.

El cultivo principal en este renglón de los indios taínos era la piña —en sus variedades boniama, yayama y yayagua—, y ocasionalmente plantaban guanábana y anón.

Aparte de estos tres frutos, eran oriundos de la isla la guayaba, la lechosa, la jagua, el caimito, el jobo, el hicaco, el caimoní, la guama arraiyán, el algarrobo y el mamón.

Hago la mención de algunas de las frutas endémicas ya que otras, que consideramos nuestras —como el mango, el coco y el cajuil—, fueron traídas a la isla después de 1492 desde Asia y el Pacífico, según explica el historiador Bernardo Vega en su obra *Las frutas de los taínos*.

Según Vega, el mango, considerado la ambrosía de los dominicanos, es oriundo de la India y fue llevado por los portugueses a Bahía, en el noreste de Brasil, en 1700. Ya para el año 1740 se le ubicaba en Puerto Rico, en 1742 en Barbados y luego llegaría a Santo Domingo y a Jamaica.

El coco existía ya en el Nuevo Mundo, pero solo en las costas del Pacífico, adonde llegó arrastrado por las corrientes marinas desde las islas de Polinesia; eventualmente pasó a las islas del Caribe. También de la Polinesia fue traída la manzana de oro, para alimentar a los esclavos africanos.

Por otro lado, el cajuil Sulimán llegó en los galeones que hacían la ruta desde Filipinas hasta Acapulco, y desde allí hasta La Habana en ruta a España.

Para los taínos las frutas no solo servían de alimento. La guayaba, por ejemplo, jugó un papel en sus creencias religiosas, pues de acuerdo a éstas, como relata Vega en su libro citado, "durante el día los muertos se mantenían en las cuevas, y por las noches salían en forma de murciélagos para comer un cierto fruto, que se llamaba guayaba…".

En cuanto a los tubérculos, Fernández de Oviedo describe las variedades de ajes (batatas) explicando que "se parecen a los nabos; los hay blancos y colorados que tiran a morado. Todos son blancos por dentro, se dan bajo tierra y al tiempo que se han de sembrar los ajes, hacen en la tierra montones, y en cada montón ponen cinco o seis tallos y más de tales plantas. Están desde los tres meses hasta seis meses según sea la tierra fértil; en un montón, hay hasta treinta y más ajes, unos grandes y otros pequeños".

Así lo hacían también para el cultivo de los lerenes, la guáyiga y la yautía, ya que todos seguían los mismos patrones que la yuca. Los taínos tuvieron los tubérculos como cultivo principal, y aunque la siembra del maíz era muy reducida, lo comían en potajes o asado. También, en grandes huertos alrededor de los bohíos sembraban diversos tipos de ajíes, con los cuales daban sabor a sus comidas.

Más allá de los fines gastronómicos, los pobladores originales de la Hispaniola también tenían cultivos utilitarios. Según escribe el historiador Roberto Cassá en *La sociedad taína*, plantaban jagua y bija para extraer colorantes con los que no solo coloreaban sus utensilios, sino que se decoraban el cuerpo. De ahí que cuando un indio aparecía pintado, o "envijado", significaba que venía en son de pleito.

Otro producto que cultivaban era el henequén, un cactus no comestible del cual sacaban fibras para elaborar sogas, alfombras, esterillas y hamacas. De la cabuya confeccionaban alpargatas, redes y cuerdas. De los higüeros hacían recipientes para líquidos y vasijas para cocinar; en sus rituales usaban la cohoba como sustancia alucinógena.

Tal como expresamos con recelo que durante la conquista los españoles se llevaron todo el oro, la plata y la madera preciosa de la Hispaniola y de otras partes de América, así también tomaron las riquezas gastronómicas de todo un continente. El maíz, la papa y el cacao son ingredientes claves de la alimentación en algunas regiones de Europa y Asia.

Este difícil y fascinante encuentro de dos mundos permitió una compleja asimilación cultural, donde los españoles aprendieron a cultivar con el sistema de terrazas de los indios, a navegar y a pescar en sus canoas, con sus redes.

En otro libro sobre el período, *Los taínos de la Hispaniola*, Cassá explica que el ciclo económico oro-indios apenas duró unos treinta años en Santo Domingo y en el resto de las Antillas, dando paso al ciclo azúcar-negros.

En los primeros cincuenta años del siglo XVI los indígenas de la isla fueron exterminados por la despiadada explotación y el maltrato al cual fueron sometidos. Una vez desaparecida la sociedad taína los conquistadores siguieron adelante con la mano de obra de esclavos africanos.

Lo único que traían consigo los africanos, atrapados, embarcados, hacinados y amarrados con cadenas en el fondo de las naves de trata negrera era su memoria. Una vez llegados a la isla, asumieron los elementos remanentes de la cultura taína y la unieron a la española. Esa mezcla de tres culturas es la raíz de la dominicanidad.

De ahí que la presencia africana en Santo Domingo se respira en la tambora, la güira de metal, los atabales y los palos, la sarandunga y el baquiní. Se encuentra en el uso del pilón y del jigüero —o higüero—, en el guineo, los plátanos, el ñame, la malagueta y la pimienta, y la mezcla del sofrito de ajo, cebolla, tomate y ají de la comida dominicana.

Los patrones de alimentación de estos grupos étnicos, mezclados y refundidos con los de quienes llegaron después, han definido las costumbres de lo que, hasta hoy día, ponemos en nuestra mesa. Los frutos de la naturaleza y su manera de tomarlos y procesarlos forman parte del legado que nos define y caracteriza como dominicanos.

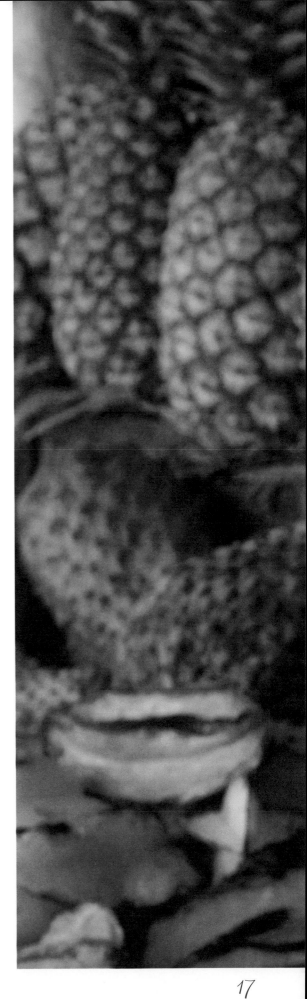

¡Brindemos con mabí!

Los taínos llegaron a elaborar una bebida fermentada con base en un bejuco que dejaban macerar con la cáscara de la piña. El bejuco indio, conocido científicamente como *gouanía polygama*, es una planta trepadora común en todas las maniguas —sitios apartados, de bosques espesos e intrincados— de la isla.

La planta contiene saponina y por eso se usa en los campos para lavar la ropa. Las ramas jóvenes se usan como un cepillo de dientes, ya que tiene propiedades dentríficas. También se usa con fines diuréticos.

En la ciudad de El Seibo, familias enteras han trabajado la rica tradición del mabí, aunque su fórmula original se ha perdido en el tiempo. Ya es común ver botellas de esta bebida, muy refrescante, en distintos supermercados del país, de excelente calidad.

El bejuco indio en estado natural puede encontrarse en el Mercado Modelo de Santo Domingo, en la avenida Mella.

Mabí
|3 botellas|

INGREDIENTES

3 onzas de bejuco indio
15 tazas de agua
5 pedazos de cáscara de piña
1 ½ cucharada de azúcar

PREPARACIÓN

Lava, corta y raspa el bejuco, y ponlo en el agua con las cáscaras de piña y el azúcar, ya sea dentro de una vasija de madera o en frasco de cristal. Tápalo bien y déjalo fermentar por dos días.

Entonces cuélalo y, si hace falta, dale un toque de azúcar al gusto. Envasa en botellas de cristal y coloca en la nevera para servir bien frío.

Casabe tostado
|4 porciones|

INGREDIENTES

6 tortitas de casabe medianas
6 cucharadas de aceite de oliva extra virgen
3 cucharaditas de sal

PREPARACIÓN

Calienta el horno a 400 grados. Espolvorea la sal sobre las tortitas y ponle una llovizna de aceite de oliva. Colócalas en una plancha que pueda ir al horno, y déjalas ahí unos seis minutos, hasta que doren, sin dejarlas quemar. Sírvelas calientes.

© J. Cruz

Las mujeres taínas, general-
mente encargadas de la elaboración del casabe, iniciaban
el proceso pelando la yuca con
la ayuda de valvas de mariscos. Luego rayaban el tubér-
culo con un guayo, que era un
artefacto monolítico de piedra,
o bien con uno más rústico de
pequeñas piedras en los la-
dos y con madera en la parte
anterior.

El rayado se hacía sobre ya-
guas, dispuestas de forma
tal a fin de aprovechar tanto
la masa como el líquido que
resultaban de la operación.
Ponían a secar la yuca cu-
briéndola con hojas de palma;
después la introducían en otro
artefacto llamado cibucán,
una especie de larga manga
de hojas de palma entrete-
jidas, en donde exprimían la
masa durante varias horas
hasta eliminar todo el líquido
venenoso.

El siguiente paso era colocar
la masa en un hibiz, que era
un cedazo hecho de delgadas
cañas, usadas para desmoro-
nar la masa.

Ya limpia la masa, suelta y
algo húmeda, se depositaba
sobre la superficie de los bu-
renes, que eran unas amplias

Bocadillos de casabe
|4 porciones|

INGREDIENTES

4 tortitas de casabe (medianas)
2 tazas de salsa de tomate
   casera
4 bolas de queso mozzarella
   tipo corazón de leche
12 hojas de albahaca

Para la salsa de tomate casera

1/4 de taza de aceite de oliva
2 cucharadas de cebollas
   ralladas
4 tomates maduros y sin piel
2 dientes de ajo machacado
1 cucharadita de salsa inglesa
2 cucharaditas de sal
1 pizca de pimienta
8 hojas de albahaca sin tallos

PREPARACIÓN

Para hacer la salsa, pon el aceite de oliva en una sartén a fuego
bajo, y agrega la cebolla rallada, los tomates picados, los dientes de
ajo. Deja que se impregnen los sabores por unos minutos y añade
la salsa inglesa, la sal, la pizca de pimienta. Cocina a fuego bajo
cuidando de que no hierva. Reserva hasta que toque usarla.

En una plancha engrasada y apropiada para el horno coloca el
casabe ligeramente humedecido con agua hasta ablandarlo. Cubre
cada torta de casabe con un poco de salsa de tomate casera; corta
el queso mozzarella en ruedas y colócalas encima de la salsa. Lleva
al horno caliente por 10 minutos.

Es importante que enciendas el horno para que caliente a 400
grados, para luego bajar la temperatura a 300 grados antes de usarlo.

Cuando saques tus bocaditos del horno échales unas gotas de
aceite de oliva y una llovizna de sal si es necesario. Es el momento
de colocar por encima las hojas de albahaca. Puestas ahora lucen
frescas y se conservan aromáticas.

© M. Hernández

plataformas de barro cocido, dispuestas alrededor del fuego. La cocción del casabe debía durar casi media hora, quince minutos para cada lado. Terminada esta fase, el casabe era dejado varias horas bajo el sol y luego varios días en reserva, a fin de que perdiera totalmente la humedad.

El casabe que consumía el pueblo no era de la misma calidad del que consumía el cacique: el del pueblo era de dos dedos de grosor, mientras que el elaborado para los caciques era mucho más delgado.

Elaborados con la forma redonda tradicional del burén, hoy encontramos casabe con sabor a ajo, rellenos de chocolate, dulce de leche, guayaba, chicharrones, o simplemente al natural. Se sirve tostado, crujiente y caliente, para untar cremas y salsas en picaderas, con ceviche o guacamole, con quesos derretidos, o como sencilla guarnición. Se come también con mantequilla y café con leche, café o chocolate. Es el acompañante obligado del puerco asado.

Desde Cabo Verde

El popular mofongo es tan solo una muestra de los préstamos gastronómicos que nos llegaron desde Cabo Verde, en la costa occidental de África. Allí elaboran el cofongo, un plato muy similar, pero realizado con una base de maíz.

Los chicharrones que se elaboran para preparar mofongo deben ser tostados hasta que queden muy crujientes y partidos en trocitos muy pequeños, para que cuando los majes con los plátanos verdes asados se mezclen bien y se sienta esta textura.

El secreto de la sabrosura del plato radica en el esmerado seguimiento que des a la preparación. De no ser así, si majas chicharrones blandos, quedarán latigosos y tendrán el sabor, pero no la sensación inigualable del crujido.

Mofongo
|4 porciones|

INGREDIENTES

4 dientes de ajo majado

6 plátanos verdes asados o fritos

¼ de taza de aceite de oliva

sal al gusto

1 ½ libra de "cueritos" de chicharrones bien tostados

Para el mojo

2 cucharadas de aceite de oliva

1 naranja agria para sacar el jugo (puedes sustituir por 2 cucharadas de vinagre)

2 cebollas cortadas en ruedas

1 cucharadita de sal

PREPARACIÓN

Comienza majando el ajo en un pilón; luego agrega los plátanos asados cortados en trozos. Agrega un fino hilo del aceite de oliva y el chicharrón, machacando bien. Si los chicharrones están blandos, trata de arreglarlos poniéndolos a freír otra vez en aceite caliente hasta que queden tostados y crujientes.

Hay quien gusta dejar pedacitos grandes de chicharrón y del plátano asado.

Al final, rectifica la sal.

El mojo se prepara así: en un sartén pon a calentar el aceite con el jugo de naranja agria o vinagre, agregando las ruedas de cebolla y salteándolas por medio minuto con la cucharadita de sal. Vierte este mojo sobre el mofongo, o sírvelo aparte en una pequeña jícara de coco.

Se acostumbra servir este plato en un piloncito de madera, dándole forma redondeada al mofongo, pero también puedes servirlo en un platón cubierto con hojas de plátano, cortadas según la forma del plato, y el mofongo formando bolas.

También se sirve acompañado de un caldito de sancocho para ir humedeciendo el mofongo a medida que se va comiendo. Puedes acompañar con rebanadas de aguacate.

23

"Puré" de plátanos

Otro plato proveniente de la herencia africana es el mangú, una especie de puré de plátanos verdes sancochados que se come preferiblemente de desayuno o cena, con un sofrito de aceite y cebolla por encima.

Un buen desayuno de mangú va acompañado de huevos fritos o revueltos, queso blanco frito, doradito y apetitoso, ruedas de salami y hasta unas longanizas de buena calidad y bien tostadas. Por encima se completa con escabeche de cebollas en vinagre.

Mangú

|5 porciones|

INGREDIENTES

6 plátanos verdes grandes
  y frescos
10 tazas de agua para hervir
  los plátanos
3 cucharaditas de sal
6 cucharadas de aceite de oliva
1 taza de agua caliente en la
  que hirvieron los plátanos

Para el sofrito

6 cucharadas de aceite de oliva
  extra virgen
2 cebollas rojas grandes,
  cortadas en ruedas
4 cucharadas de vinagre
sal al gusto

PREPARACIÓN

Pela y corta en trozos los plátanos, introduciendo la punta del cuchillo para levantar la cáscara y retirarla.

En una olla con las 10 tazas de agua pon los plátanos a hervir y agrega la sal. Déjalos hervir hasta que ablanden.

Saca y maja los plátanos calientes con un tenedor o un utensilio hecho para este fin. Reserva el agua.

Poco a poco, ve agregando la taza de agua caliente en la que hirvieron los plátanos. Maja hasta que estén bien suaves, sin pedacitos ni grumos, y reserva.

Calienta el aceite para el sofrito, echa las ruedas de cebolla, el vinagre y un toque de sal. Sofríe hasta marear las cebollas. Agrega por encima del mangú antes de servir.

Al poner la mesa siempre acuérdate de hacerlo con buen gusto, en los detalles delicados, aun sean sencillos, se siente el amor hacia los tuyos.

© M. Hernández

Los esclavos africanos usaron las hojas del plátano para envolver comidas diversas durante el proceso de cocción. En el Santo Domingo colonial los africanos usaron las hojas de plátanos para sus pasteles de plátanos, y en Venezuela, Cuba y Puerto Rico usaron las hojas de maíz para las hallacas y distintos pasteles o bollos propios de su gastronomía.

La misma técnica se utiliza en recetas de antaño que aún perduran. Así encontramos el batón de manioc (hecho de yuca) o el matooke (de guineo verde), que si bien no están rellenos de carne, se asemejan al pastel en hoja que degustamos en República Dominicana.

En San Cristóbal se le ha dado un toque especial a este plato, que al parecer llegó allí a principios del siglo XX, introducido por una señora de apellido Goiscou, luego aprendido y conservado como una gran tradición por doña Chichita Barinas, sus hijos y sus nietos.

↳

Pasteles en hoja

|40 pasteles|

INGREDIENTES

Para la masa

20 guineos verdes
2 libras de auyama
2 libras de yautía
4 barras de mantequilla
3 cucharadas de bija en grano
2 cucharaditas de sal
hojas de plátano
papel de nevera
cordón para atar los pasteles

Para el relleno
½ libra de carne molida
2 ajíes gustosos

4 tomates tipo Barceló, sin piel
½ taza de pimiento rojo dulce
1 cebolla grande
4 dientes de ajo majados
1 cucharada de aceitunas
1 cucharada de alcaparras
1 taza de pasas sin semillas
2 cucharadas de salsa inglesa
sal y pimienta al gusto
1 taza de vino tinto seco
½ taza de aceite de maní

PREPARACIÓN

Para la masa, pela, corta y lava bien todos los víveres (guineos, auyama y yautía). Ralla, muele o licúa en la batidora, para hacer un puré con ellos.

Coloca un caldero al fuego con una barra de mantequilla ya derretida y sofríe la bija, para dar color, y luego deja refrescar. Agrega a los víveres rayados y crudos y mezcla bien. Agrega la sal y las barras restantes de mantequilla ablandadas a temperatura ambiente, para que la masa quede bien humectada. Reserva.

Para preparar el relleno

Pica finamente los sazones (ají gustoso, tomate, pimiento dulce, cebolla, ajo, aceituna, alcaparra, pasa) y mezcla bien con la carne molida, echándole la salsa inglesa.

Luego pon a calentar el aceite y coloca la carne condimentada para cocinar a fuego moderado. Pon sal y pimienta a tu gusto. Cerca del final, para que impregne mejor el sabor, agrega el vino tinto.

Corta las hojas de plátano a un tamaño de unas 12 pulgadas cada una, suficiente para envolver y cerrar tus pasteles, haz lo mismo con el papel de nevera. Sumérgelas por medio minuto en agua caliente, no hirviendo. Sécalas y embadúrnalas de aceite de cocinar.

© M. Hernández

Es la misma receta en sus ingredientes básicos y forma de elaboración, que recibe distintos nombres a lo largo y ancho del continente americano. Se conocen como pasteles en hojas, tamales, hallacas, cuchén, queque, batón de maniot o matooke, según el país donde se elaboren.

Se ha convertido en una de las grandes tradiciones gastronómicas de la navidad dominicana.

Esta receta es muy artesanal. Al día de hoy sigue preparándose como la receta original y se varía para las fiestas de la navidad cuando se enriquece el relleno con licores, pasas y nueces.

Corta el cordón de un largo que te permita sostener y amarrar bien los pasteles. Este proceso puedes hacerlo también antes de empezar.

Para hacer tus pasteles

Ya están listos la masa, el relleno y las hojas de plátanos cortadas, el papel de nevera cortado de igual tamaño y el cordón.

Extiende el corte de hoja de plátano y echa tres o cuatro cucharadas de masa hacia el centro, extendiéndola lo más fina posible, en forma de cuadrados o rectángulos. Coloca cuidado el relleno sobre la masa y fíjate que ocupe bien su sitio. Dobla con delicadeza la hoja para cerrar el pastel y sella dándole forma.

Por encima de la hoja de plátano cubre con el papel de nevera y amarra con doble cordón, sin apretar mucho.

Para hervir los pasteles

Pon agua abundante a hervir —debe cubrir los pasteles— y cuando comience a hacerlo, echa los pasteles por 40 minutos si están congelados o por 30 minutos si están acabados de hacer. Déjalos refrescar antes de abrir.

Sirve los pasteles sin la envoltura con salsa picante y ketchup.

Si deseas variar la receta, puedes elaborarlos de yuca, o rellenarlos con pollo. Te sugiero hacer los pasteles a tamaño de mordida, y servirlos como picadera con ketchup y salsa inglesa.

Tostones

|18 porciones|

INGREDIENTES

3 plátanos verdes
2 tazas de aceite de maní
Sal al gusto

PREPARACIÓN

Pela los plátanos verdes y córtalos en ruedas de dos centímetros de grosor. Lávalas y sécalas. Echa el aceite en una sartén y cuando esté caliente, coloca los cortes de plátanos. Cuando comiencen a dorar retira del fuego y aplasta usando un majador de plátanos verdes o la base de una botella. Vuelve a colocarlos dentro del aceite caliente, dándoles vuelta, hasta que estén dorados y crujientes. Espolvorea sal sobre ellos.

Sirve en un canasto o platón cubierto una servilleta.

Los tostones o fritos de plátanos verdes son la guarnición más común que acompaña nuestros platos.

Freír dos veces un alimento, como ocurre en la preparación de los tostones, es una costumbre muy africana.

© M. Hernández

Arroz africano
|10 porciones|

Se trata de un plato suculento de la cocina de nuestros ancestros, en el que sobresalen crujientes pedacitos de chicharrón y el sabor definido y profundo de las yerbas aromáticas.

INGREDIENTES

2 libras de chicharrones fritos, cortados en cuadritos

1 ½ cucharaditas de orégano molido

1 pimiento rojo hervido y sin piel

6 hojas de laurel

2 ½ libras de arroz

1 cebolla grande cortada en pedacitos

1 ají verde grande en tiritas

6 tomates Barceló sin semillas, exprimida la masa para hacer un puré

2 dientes de ajo machacados

3 ramitas de cilantro fresco

5 tazas de caldo de res caliente (ver receta en página 32)

2 latas de habichuelas rojas

5 cucharadas de aceite de oliva

sal y pimienta al gusto

PREPARACIÓN

Machaca ligeramente los chicharrones en un pilón y ponlos en un caldero de fondo grueso caliente y deja salir la grasa, moviendo para que no se peguen, y reserva aparte.

En la grasa de los chicharrones, pon el orégano, el pimiento rojo picadito y las seis hojas de laurel. Agrega el arroz y sofríe con el resto de los ingredientes (cebolla, ají verde, tomates, ajo, cilantro), bajando el fuego. Mezcla enérgicamente y deja cocer por unos minutos.

Agrega el caldo de res hirviendo, los chicharrones y las habichuelas rojas ya escurridas. Deje cocer a fuego bajo, rocía con el aceite verde (es opcional) y rectifica los sabores. Si deseas hacer el platillo más picante, agrega un pedacito de ají tití. Retira las hojas de laurel antes de servir.

Como decoración te recomiendo usar un corte pequeño de hojas de plátano sobre el plato de servir, colocando encima la porción moldeada de arroz africano.

Para acompañarlo te recomiendo el siguiente menú:
• Ensalada de aguacates con masitas de tomates y vinagreta
• Plátanos maduros con astillas de canela al caldero
• Casabes tostados con un toque de aceite y sal

© M. Hernández

Este preparado casero, consomé o caldo concentrado, enriquece nuestras comidas de la manera más práctica y saludable. Se hace de pollo o res.

Ten a mano un molde para hacer cubitos de hielo en el que vas a congelar y guardar los cuadritos de caldo base, para usarlos según la comida que vayas a preparar.

También puedes hacer el caldo base de res, utilizando carne de pecho, la más usada, de masa de res, de cadera o rotí. Se utilizan los mismos ingredientes aquí anotados y se sigue igual procedimiento.

Cuando hacen este caldo base, muchas cocineras extraen todo el contenido alimenticio del pollo y luego utilizan esta masa hervida para hacer recetas como el pollo a la King. En cuanto a la carne de res, si es de masa, se utiliza luego para hacer "ropa vieja".

Las recetas que siguen en esta sección, si bien no son legado directo de los pueblos que conformaron la sociedad dominicana, resultan de toda esa mixtura de prácticas culinarias y de la necesidad, aunada al ingenio, de aprovechar al máximo los ingredientes que en muchas épocas escasearon.

Caldo base de pollo

INGREDIENTES

1 pollo de 2 libras o los huesos del pollo	1 cebolla
12 tazas de agua	4 dientes de ajo
3 cucharadas de aceite verde	2 ramitas de cilantro
2 tomates rojos y firmes	2 hojas de cilantro ancho
2 zanahorias	8 malaguetas
1 ají grande	4 hojas de laurel
	1 cucharada de vinagre

PREPARACIÓN

Corta y limpia el pollo. Pon el agua en una olla grande con el aceite y cuando hierva echa el pollo (entero o troceado), o los huesos, con todo el paquete de vísceras y patas que traen y luego se retiran.

El pollo se puede hervir entero, en presas o cuarterones.

Agrega el resto de los ingredientes picados (tomate, zanahoria ají, cebolla, ajo, cilantro, malagueta, laurel, vinagre) y deja hervir; luego baja el fuego para sacar todo el contenido alimenticio del pollo. Apaga, deja refrescar, cuela, vierte en los moldes de hielo y congela en porciones.

Pollo a la King

INGREDIENTES

1 pechuga grande
2 dientes de ajo
1 cebolla mediana
1 cucharada de jugo de limón
1 cucharada de aceite verde
1 taza de cebolla picadita
1 lata de crema de hongos
1 lata de crema de pollo
1 taza de leche evaporada
2 cucharaditas de sal
½ cucharadita de pimienta
　blanca
1 taza de crema bechamel

1 barra de mantequilla
　suavizada
1 lata escurrida de petit pois
1 taza de vino blanco seco
espárragos y pimientos en
　tiras para decorar

Para la bechamel

2 tazas de leche
4 cucharadas de mantequilla
1 pizca de sal
1 cucharadita de nuez moscada
4 cucharadas colmadas de
　harina

PREPARACIÓN

Retira los huesos y la piel del pollo, si los trae. Parte la masa de pollo en trozos y sazona con ajo, cebolla y limón. Cocina en un poco de aceite hasta que adquiera un color blanco, corta en cuadritos y reserva.

Si utilizas el pollo restante del preparado de caldo base, solo corta en cuadritos o trocitos.

En un caldero de fondo grueso sofríe la cebolla picadita en el aceite; agrega las cremas de hongos y de pollo, luego el pollo cortadito, la taza de leche, la sal, la pimienta y cocina a fuego lento.

Agrega la taza de crema bechamel, la mantequilla, los petit pois y el vino blanco seco. Deja por un rato tu crema al fuego, luego apaga y refresca.

En un tazón grande sirve esta deliciosa crema decorada con los espárragos y los pimientos por encima.

Crema bechamel

En una ollita al fuego pon la leche, la mantequilla, la sal y la nuez moscada, y añade la harina; mueve constantemente hasta su punto, que sería el de una crema ligera.

Ropa vieja

|6-8 porciones|

INGREDIENTES

3 libras de falda de res
   (flank steak)

6 cucharadas de aceite

6 dientes de ajo

1 cebolla grande picadita

1 ají verde picadito

½ cucharadita pimienta fresca

1 lata pequeña de salsa de
   tomate

1 taza de agua para disolver
   la salsa anterior

1 pizca de comino en polvo

½ taza de sofrito (receta abajo)

PREPARACIÓN

Limpia tu carne de telas y nervaduras, y lávala.

En una sartén calienta 3 cucharadas de aceite y saltea la carne, cuando esté bronceada, saca, refresca, corta en finas tirillas y reserva.

Agrega el aceite restante y deja calentar, sofríe el ajo, la cebolla y el ají verde. Agrega la pimienta y la carne en tirillas, la salsa de tomate disuelta en el agua, el comino y el sofrito. Deja a fuego bajo por unos 30 minutos.

Sofrito dominicano

INGREDIENTES

4 cebollas grandes

3 ajíes verdes

4 tallos de apio picadito

12 dientes de ajo

10 hojas de laurel

1 ramito de cilantro rizado

3 hojas de cilantro ancho

12 granos de malagueta

2 cucharaditas de vinagre

2 naranjas agrias

2 cucharaditas de sal

orégano y pimienta al gusto

PREPARACIÓN

Corta los ingredientes chiquitos y con esmero, echa el agrio exprimido de las naranjas y la sal, y coloca en frasco de cristal en la nevera. Utiliza para sazonar la ropa vieja y otros platos.

DE ORIGEN CUBANO

Esta receta es de origen cubano, asimilada ampliamente por los dominicanos. Se prepara con carne derivada (la que has hervido para sacar el caldo de res o consomé) o puedes hacerla con carne de buena fibra y óptima calidad, ripiándola igualmente.

Se aclimata a nuestro país con el toque del sofrito, que es el sazón dominicano por excelencia. Se prepara y se puede guardar por varios días.

© M. Hernández

Las oleadas de las islas: los cocolos

La cultura dominicana recibió a finales del siglo XIX otra influencia extranjera: la de los llamados cocolos. Así fueron apodados los habitantes de raza negra provenientes tanto de las islas del Caribe de habla inglesa —St. Kitts, Tortola, Nevis, Antigua, Santa Lucia, Dominica, Anguila y Saint Croix—, de las islas francesas —como Guadalupe y Martinica— y de las Antillas holandesas y danesas —específicamente Saint Martin, Aruba, Curazao y Saint Thomas—.

Hacia 1878 los nuevos inmigrantes trabajaban como braceros en los ingenios azucareros de La Romana, San Pedro de Macorís —que se convirtió en la ciudad cocola por excelencia—, Barahona y Puerto Plata.

Aparte de los braceros, llegaron mecánicos, ebanistas, carpinteros, albañiles, pastores evangélicos, maestros y comerciantes, quienes se dispersaron por otras ciudades del país. Su número era tal que en San Pedro de Macorís, por ejemplo, el vecindario cocolo era conocido como Jack Town —¿quién habrá sido ese Jack?— y con el paso del tiempo los petromacorisanos terminaron llamándolo Yocotán.

La influencia de los cocolos es notable en la repostería, ya que elaboraban panes y dulces que hoy están integrados a la comida dominicana. El ejemplo máximo es el coconete; su nombre es una corruptela de la pronunciación de "coconut drop" (gota de coco), y también se le dice conconete.

Otros dulces recibidos son el caramelo de menta conocido como papiamento, proveniente de la palabra inglesa "peppermint", y el guavaberry, un licor elaborado con la frutilla del arraiján.

Dado su origen insular, los cocolos se alimentaban mayormente de harina de trigo y de maíz en lugar de arroz; de pescado fresco o seco, molondrón y yautía blanca.

Algunos de sus platos más populares se pueden encontrar en otras islas de las Antillas con variantes, entre los que se pueden mencionar el domplín, el yaniqueque, el fungí o funís (similar al domplín pero elaborado de harina de maíz) y la mencionada sopa de calalú o molondrón.

El coco jugaba un papel importante en la gastronomía de estos grupos, ya que acostumbraban a usar su leche en los platos de pescado que al día de hoy son una especialidad de los pueblos dominicanos donde hubo comunidades cocolas. Por eso empezaré con la forma de extraer la leche del coco.

La leche de coco se utiliza en estos platos: majarete, frijoles o habichuelas con dulce, pan de batata, arroz con leche de coco, villanuez, en las exquisitas cremas de coco, así como en helados y bizcochos.

Leche de coco
|2 tazas aproximadamente|

INGREDIENTE

2 cocos grandes y secos

PREPARACIÓN

Saca la masa del coco y rállala sin remover la cáscara marrón.

Para obtener una leche de coco pura, después de rallada, exprime la masa en un pedazo de tela fina. Si deseas obtener una leche más ligera, repite el procedimiento agregando esta vez una taza de leche de vaca o de agua caliente.

Un coco de buen tamaño puede dar una taza de leche.

Pescado con coco

INGREDIENTES

2 ½ libras de mero, chillo
    o carite en ruedas
6 dientes de ajo pelados
    y picados
2 cucharadas de jugo de limón
½ cucharadita de orégano
¼ cucharadita de pimienta
3 cucharaditas de sal
2 tazas de harina o suficiente
    para empanizar ligeramente
    las ruedas de pescado
1 taza de aceite de oliva extra
    virgen

Para la salsa

2 cocos para extraer la leche
3 cucharadas de salsa de
    tomate disueltas en la leche
    de los cocos
3 hojas de laurel
2 cucharadas de puerro picado
1 pimiento verde en ruedas
1 pimiento rojo en ruedas
4 tomates Barceló sin semillas
    y sin piel, exprimidos y
    licuados

PREPARACIÓN

Lava y seca bien las ruedas de pescado. Sazónalas con ajo, limón, orégano, pimienta y sal. Deja marinar por una hora, y luego escurre (reserva el líquido restante) y envuelve las ruedas de pescado en harina. Fríelas en aceite caliente, guarda aparte y reserva el aceite.

Para hacer la salsa

Cuela el aceite donde freíste el pescado y la salsa donde lo marinaste. Coloca ambos líquidos en una sartén bien limpia y agrega el resto de los ingredientes (salsa de tomate disuelta en leche de coco, laurel, puerro, pimiento, tomate). Deja cocinar hasta que espese.

Coloca con delicadeza las ruedas de pescado en la sartén y deja hervir a fuego bajo hasta que reduzca su salsa. Retira las hojas de laurel y sirve caliente.

© M. Hernández

41

Moro de guandules con coco

|5 porciones|

INGREDIENTES

¼ taza de aceite de oliva extra virgen

4 dientes de ajo machacados

2 cebollas grandes picadas

3 cucharaditas de sal

1 taza de agua

2 tazas de caldo de pollo (receta en página 32)

4 tomates rojos sin piel

1 ají gustoso picadito

1 atado de cilantros rizado y ancho

2 tazas de leche de coco (receta en página 38)

1 ½ latas de guandules, escurridos

2 tazas de arroz

PREPARACIÓN

Sofríe en el aceite el ajo con la cebolla y la sal por unos minutos. Agrega la taza de agua, menos la pequeña porción que usarás en el siguiente paso, y mantén a fuego lento.

En otro sartén une y calienta el caldo de pollo, los tomates, el ají gustoso, los cilantros, la leche de coco y un poco de agua. Agrega los guandules y el preparado anterior, y cuando hierva, agrega el arroz y deja cocinar a fuego bajo. Cuando haya secado, dale vuelta, rectifica los sabores y tapa. Cocina por 10 minutos y voltea nuevamente el arroz, retoca el aceite y retira los cilantros. Puedes dejar a fuego bajo hasta el momento de servir.

© M. Hernández

AQUÍ MOLONDRONES

La sopa de calalú es un plato que conocen las viejas cocineras del país, aquellas que mantienen el sabor de lo nuestro. Es una deliciosa sopa espesa y verdosa que se encuentra en la cocina criolla del Caribe, especialmente en Trinidad y Tobago. Resulta una buena forma de comer molondrón.

Los ingredientes principales son el molondrón, las hojas de yautía coco o de espinacas, y la leche de coco. Siempre se hace de vegetales y, si se prefiere, se le agrega carne de res, de pecho o rotí, para hacerla más sabrosa.

INGREDIENTES

1 libra de molondrones lavados, cortados en ruedas

1 paquete de hojas de espinacas o yautía

4-5 tazas de agua (se reserva luego de hervir los vegetales)

¼ taza de aceite de oliva

1 cebolla finamente cortada

3 dientes de ajo finamente cortados

1 cucharada de mantequilla

1 cucharadita de sal

1 cucharadita de pimienta

2 tazas de leche de coco (receta en página 38)

½ libra de tocino (carne salada)

½ taza de ketchup

1 cucharadita de azúcar

PREPARACIÓN

Hierve los molondrones y la espinaca (u hojas de yautía). Reserva el agua y en la licuadora haz un puré con los vegetales.

En un caldero de fondo grueso calienta el aceite verde y sofríe la cebolla y el ajo, sal y pimienta, añade la mantequilla. Agrega las cuatro o cinco tazas de agua de los vegetales, el puré de los molondrones y la leche de coco. Deja hervir a fuego bajo por 20 minutos y mueve bien.

Aparte pon a hervir la carne salada en un poco de agua. Cuando esté blanda, retírala del agua, ponla a enfriar y córtala en tiritas. Reserva.

Antes de bajar la sopa del fuego, agrega las tiritas de tocino y mezcla moviendo suavemente. Agrega el ketchup y la cucharadita de azúcar, estos dos últimos ingredientes son opcionales.

Domplín

|20 a 30 porciones|

INGREDIENTES

4 tazas de harina de trigo
1 taza de agua
2 huevos
½ barra de mantequilla
1 taza de leche de coco
1 caldito de pollo

sal y pimienta al gusto
2 dientes de ajo
½ cebolla
3 ramitas de cilantro rizado fresco
4 tazas de agua para hervir

PREPARACIÓN

En un recipiente hondo cierne la harina y mójala con la taza de agua; añade los huevos y la mantequilla, mezcla bien hasta formar una bola que dejarás reposar por dos horas.

En una cazuela pon a hervir la leche de coco, el caldito, la sal y la pimienta, y añade el ajo majado, la cebolla y las ramas de cilantro.

Une todos los ingredientes y forma bolitas de la masa, o con tu forma preferida. Procede a hervirlos en el agua por 15 minutos. Deja refrescar.

Te sugiero agregarlos a un plato de carne de cerdo guisado, o colocarlos crudos dentro del sancocho, donde se hervirán con los demás ingredientes. También puedes rellenarlos de carne y freírlos.

UN INGLÉS EN EL CARIBE

Los jamaiquinos fueron los primeros en el Caribe que emplearon la receta del domplín, de origen inglés, y usualmente lo consumían en el desayuno. Luego se difundió por las islas antillanas y llegó hasta el extremo oriental de República Dominicana.

También eran llamados funyis o fungis, y más adelante aparecen como bolas de harina de trigo o mezcladas a partes iguales con harina de maíz. Se hacen en forma alargada o redondeada.

Endulzadas o no, rellenas o no, fritas o hervidas, enriquecieron los caldos y guisos.

Gracias a los cocolos, hoy consumimos estos bollitos en un humeante sancocho o rellenos de cangrejo, siempre logrando una sabrosa fusión dentro de la comida dominicana.

Un sabroso matahambre

Los yaniqueques, esas incomparables hojuelas de harina que encontramos en la playa de Boca Chica y en muchas ciudades y pueblos dominicanos, son el tentempié más efectivo y sabroso de los habitantes del país, además de que representan airosos la gastronomía local. Son económicos y calman el hambre rápidamente, de ahí su popularidad.

Con el paso del tiempo, de un riquísimo "cake" de harina de trigo y mantequilla de la cocina cocola salió una fritura de harina con agua. El llamado yaniqueque se criollizó y se transformó al día de hoy en la receta que el pueblo ha adoptado. Hasta las mesas más elegantes lo incluyen en su menú para diversas ocasiones.

Yaniqueques
|24 porciones|

INGREDIENTES

4 tazas de harina de trigo
2 cucharaditas de bicarbonato de soda o polvo de hornear
1 cucharadita de sal
6 cucharadas de agua fría
2 tazas de aceite

PREPARACIÓN

Mezcla el bicarbonato con la sal y el agua, y vierte sobre la harina. Amasa hasta que la mezcla se sienta elástica. A seguidas, toma la masa de una cucharada, forma bolitas —el tamaño puede ser variable— en una mesa enharinada y aplástalas con ayuda de un bolillo, dejándolas de media pulgada de grosor.

Corta en círculos, y pincha la masa con un tenedor. Esta vieja técnica se usa para que la masa no coja aire y se rompa.

Ponlos a freír en aceite suficiente. Una vez estén crujientes, sácalos de la sartén y seca la grasa con papel absorbente.

Te recomiendo hacerlos pequeños y servirlos en un cestito vestido con servilletas.

© M. Hernández

Coconete

|24 porciones pequeñas|

INGREDIENTES

1 coco no muy seco, fresco

¾ taza de azúcar o una botella de melao de caña

2 cucharadas de mantequilla

2 huevos

½ cucharadita de ralladura de cáscara de limón verde

1 libra de harina de trigo

1 ¼ cucharadita de polvo de hornear

½ cucharadita de canela

½ cucharadita de nuez moscada

½ cucharadita de sal

PREPARACIÓN

Ralla el coco. Acrema el azúcar o melao con la mantequilla, y agrega los huevos. Luego agrega el coco rallado y la ralladura de limón verde. Mezcla los ingredientes secos con la harina (polvo de hornear, canela, nuez moscada, sal). Une bien y luego mezcla con la mantequilla, azúcar y huevos.

En una plancha engrasada —o en moldecitos engrasados— y espolvoreada con harina, haz montoncitos de 2 cucharadas grandes de la masa y lleva al horno a 375 grados por 25 minutos. Deja enfriar y retira, guardando en una canastita o en un pote de cristal.

Si deseas agrega 1 taza de pasas hidratadas a la masa. Para hidratarlas, ponlas en agua por un rato, hasta que se inflen y se les suavice la piel. Luego escurre y espolvorea de harina antes de unir a la masa anterior. Lleva al horno. Quedan muy ricos así.

Johnny Cake

|8 a 10 porciones|

INGREDIENTES

1 barra de mantequilla

1 cucharadita de sal

1 taza de agua fría

1 cucharadita de anís

4 tazas de harina de trigo

2 cucharaditas de polvo
   de hornear

1 cucharada de azúcar

4 huevos, separadas las claras
   y las yemas

1 barra de mantequilla con sal
   para rellenar

PREPARACIÓN

Une la mantequilla con la sal, el agua y el anís. Luego une esta mezcla con la harina, el polvo de hornear y el azúcar.

Sube las claras de huevo a punto de nieve y agrégalas a la mezcla anterior, uniéndolas bien con movimientos envolventes. Agrega entonces las yemas. Une bien la masa con las manos, sin extender ni formar una bola, y deja reposar por media hora

Una vez transcurrido este tiempo, coloca en un molde engrasado y espolvoreado ligeramente con harina, y lleva al horno a 350 grados por una hora.

Saca, deja refrescar y corta con mucho cuidado el bizcocho por la mitad; usa un plato para ayudarte a sostener esa mitad. Esparce la barra de mantequilla, previamente suavizada, con sal, a temperatura ambiente, a modo de relleno, y coloca de nuevo la otra mitad de tu bizcocho.

Se sirve con chocolate o café.

A pesar de que el yaniqueque (corruptela del nombre en inglés) se ha popularizado, también existe el Johnny Cake en su receta de origen. Este pan de mantequilla, que era también llamado "Journey Cake" —en inglés "torta de viaje"— se usaba en largas travesías, ya que se conserva mejor que los panes con levadura.

© Mónika Pimentel Imbert

La infancia transcurre y somos sellados por un gesto de amor, por el olor del pan recién horneado, el sonido de la lluvia, bien acurrucados en los brazos de los padres.

Mi infancia aún está llena de azúcar y de caramelo, de pies empinados hasta alcanzar a ver, sobre el mostrador del colmado de Ramón, en la esquina de la casa, los recién llegados caramelos de menta, frambuesa, anís o vainilla. En forma de vistosas estrellas, cuadrados y círculos llenaban mi golosa boquita de niña.

No eran comunes los papiamentos, estos caramelos tan sencillos. Había quienes les decían de otra manera, con rara entonación, llamándoles "peppermint". Cuando llegaban a la pulpería del vecindario había que andarse rápido, pues la esperada mercancía se iba de inmediato.

A veces venían rojos y aún no sabíamos que eran de frambuesa. Otras veces venían de dos colores: la vainilla combinaba su sabor exquisito con el verde de la menta en un mismo molde.

Y se me hace agua la boca al pensar en los de anís. Escuchábamos la frase "se le cuajó el sirop" cuando los papiamentos llegaban hechos turrones. Son estas voces que pueblan mi memoria, entre las risas y premuras, de mi infancia tan feliz.

Papiamentos
|24 porciones|

INGREDIENTES

20 cucharadas de agua
6 tazas de azúcar
15 gotas de esencia de menta (o de frambuesa)
unas gotas de color vegetal verde (o rojo si son de frambuesa)

PREPARACIÓN

En una olla coloca el agua y el azúcar a fuego alto, para hacer un almíbar espeso.

Una vez logrado, baja el fuego y con una cuchara de madera mueve de forma circular, por unos cinco minutos, hasta que veas la mezcla tornarse blanquecina. Agrega en este momento el sabor y el color, y mezcla bien.

Previamente, elige moldecitos con la forma de tu gusto, ya sea cuadrada, rectangular o estrellada. Los moldes para hacer galletitas sirven para los fines.

Llena tus moldecitos, previamente engrasados, con el almíbar. Para lograr un papiamento de dos colores, el almíbar debe dividirse para mezclar con cada sabor y color. Llena el moldecito hasta la mitad y, cuando cuaje, agrega el almíbar del otro sabor.

Si deseas hacer los papiamentos con un tercer color, repite el procedimiento, esta vez dividiendo la mezcla en tres porciones iguales, cada una del sabor-color escogido.

53

El arraiján es un árbol que crece en algunos países del Caribe. Tiene en promedio una altura de 60 pies, flores blancas y rosadas, y su fruto es una baya anaranjada o rojiza de poco más de un centímetro, a la que llaman guavaberry o rumberry. Esta es la materia prima de la bebida espirituosa que lleva su nombre.

Se asocia el guavaberry con las fiestas de la navidad, porque los frutos del arraiján maduran al final del otoño. La bebida es una maceración de la frutilla con especias, alcohol y frutas deshidratadas.

Los frutos, que abundan en las tierras del Este, especialmente en San Pedro de Macorís, pueden comerse en su estado natural, y se hacen con ellos jugos y mermeladas.

Cuando llegue el otoño ve al mercado modelo de la avenida Mella y encarga a uno de sus arrendatarios de espacios latas de frutillas de arraiján. Aunque el fruto existía en suelo dominicano antes de la llegada de los cocolos, esta bebida fue un aporte suyo.

Entusiásmate, recolecta tus ingredientes y canta *"good morning, good morning, drinking my guavaberry, watching the sun go down, oh woman, that's all I need..."*

Licor de guavaberry

|3 botellas|

INGREDIENTES

4 tazas de agua

4 tazas de frutillas de arraiján

1 corte de jengibre de 4 pulgadas, pelado entero

4 astillas de canela

1 cucharada de clavos dulces

1 cucharada de malagueta

1 botella de un ron añejo de tu gusto

8 ciruelas sin semillas

2 cajitas de pasas sin semillas

PREPARACIÓN

Coloca al fuego las 4 tazas de agua; añade las frutillas de arraiján con el jengibre, la canela, los clavos dulces y la malagueta. Hierve por 30 minutos y luego retira del fuego y deja refrescar. Aplasta las frutillas del arraiján con un tenedor, usando el agua en que hirvieron. Cuela tu mezcla.

Une con el ron y vierte en dos o tres botellas, las que necesites. Agrega las frutas en conserva (ciruelas picadas y pasas enteras). Deja en un lugar fresco durante una o dos semanas, sin consumir. A más tiempo, más añejado.

Mamajuana
y otras bebidas con alma criolla

¿Cómo puedo hablar de bebidas espirituosas locales sin hablar de la mítica mamajuana?

La confección líquida de contenido alcohólico favorita de los turistas se hace a base de una combinación de raíces con supuestas propiedades afrodisíacas: algunas veces con miembro de carey disecado, otras con una raíz llamada pega palo que se cree otorga fortaleza sexual.

Hasta Porfirio Rubirosa, ese gigoló dominicano con Zsa Zsa Gabor y Joan Crawford en su lista de conquistas, mercadeó la mamajuana internacionalmente en la década de los cincuenta.

Si crees en eso y deseas preparar una mamajuana afrodisíaca natural, puedes utilizar un procedimiento similar al del guavaberry, pero seleccionando hierbas, raíces, astillas de canela, clavos dulces, malagueta, que se mezclan con alcohol.

Si te apetece una de palos, mezcla canela, palo de Brasil, maguey, canelilla, timacle, marabelí, pega palo y guayacán. Añade sabores y especies: miel de abejas, ciruelas, anís, pasas, clavo dulce. Para completar, usa un buen ron del país.

También he notado que, en busca de efectos afrodisíacos, es popular en nuestro país un ponche de huevos de pata con un efecto tan fuerte que debe ser equilibrado con nuez moscada. Cuando la receta se varía y se hace a base de huevos de codorniz, canela y leche, esta versión entonces es llamada "440".

No podemos dejar de lado una pócima que se hace con los testículos de toro disecados y luego macerados en ron.

¿Dónde puedes conseguir tus ingredientes?

En el mercado modelo en la avenida Mella de Santo Domingo. Ahí tienen una oferta irresistible de todo lo que aquí menciono y lo vas a poder comprar, "hasta con las oraciones, para que funcione".

Los licores artesanales, con mayor o menor nivel de fermentación, de jagua o uva de playa, el mabí de bejuco indio o "pru" (como le dicen los campesinos), el cacheo (hecho del corazón del palmito), y el licor de coco (licoco), son bebidas con alma dominicana y muy refrescantes.

© M. Hernández

Las delicias de los canarios

¿Qué puede ser ese perfecto envoltorio de papel vejiga de colores brillantes? Parece un dulce y no lo es; tampoco es un caramelo, y uno goza y se ríe con la boca llena de gofio, la dulce molienda de maíz tostado con azúcar que es un regalo, entre tantos otros, de la culinaria de los canarios.

Los viajeros provenientes de las islas Canarias han llegado a esta nación en todas las épocas, y aunque actualmente son pocos los canarios de primera generación, existen muchos dominicanos de ascendencia canaria. Las primeras familias llegaron a Santo Domingo para repoblar las tierras fronterizas en 1681, luego siguieron llegando en 1687 y 1690.

En el sector capitaleño de San Carlos hubo un numeroso asentamiento canario, y hacia el sur, en Baní y Azua, encontramos a los agricultores que vinieron a cruzar líneas de la genética uniéndose a los criollos. Más adelante un gran colectivo canario se quedó en Baní.

Los canarios compartieron su amor por las décimas y por las peleas de gallos, además de su preferencia por la harina de maíz. Por eso hoy degustamos el gofio, la ya muy dominicana harina de maíz rellena de carne, la arepa dulce o salada, y con el dulce majarete está el sancocho de las siete carnes, que es un derivado del famoso puchero canario.

En tiempos más recientes, aunque el consumo de la harina de maíz era una costumbre arraigada en el pueblo dominicano,

no había un amplio conocimiento sobre las múltiples formas de prepararla. Así que resultó una feliz idea de la Sociedad Industrial Dominicana el inaugurar una planta procesadora de este cereal, en 1977, para lanzar al mercado nacional una harina de maíz de mucha calidad nutricional y de diferentes tipos, según el grosor de la molienda.

Acompañaron el lanzamiento de este producto con campañas de educación masiva sobre cómo hacer sabrosos platos con ella. En la televisión nacional comenzamos a trabajar con harina de maíz de varios tipos, preparando recetas saladas, así como platos de fina repostería. El majarete se revistió de aristocracia, la harina de maíz rellena cobró liderazgo en las mesas dominicanas.

Todos participábamos en las ferias de maíz que puntuales se realizaban, con platos originados en la creatividad de la gente del pueblo. Estas célebres ferias involucraron a miles de amas de casa dominicanas que nos abrimos a usar la harina de maíz.

Gracias al aporte de la cocina de los canarios, el gusto por la harina de maíz, que facilita el buen comer y la salud de todos, se estableció entre nosotros.

Los maiceros de entonces sabían lo que hacían ya que la historia indica que, junto a los deslumbrantes capitanes de la conquista, llegaron los millares de brazos y el aporte cultural de los canarios.

Sancarleños

A finales del siglo XVII un grupo de familias canarias fundó el poblado de San Carlos de Tenerife —quedaba "lejos" del centro de la ciudad colonial; posteriormente se convirtió en el barrio del mismo nombre—; con sus gustos y costumbres, junto a los pobladores criollos, lograron establecer un asentamiento de hombres y mujeres honrados y fuertes que se dedicaron a la agricultura y al comercio.

Los sancarleños guardan orgullo por sus orígenes y los honran cada día en el prestigio y la hombría de bien de sus habitantes. Entre otras cosas se gozan en decir que ellos son los que saben hacer bien la mejor harina de maíz rellena de carne.

৶Harina de maíz rellena de carne
|8 porciones|

INGREDIENTES

Para la harina

1 libra de tomates Barceló pelados

¼ de taza de aceite

1 cebolla roja picada

2 dientes de ajo majados

1 ramito de perejil

1 ramito de cilantrico

1 ½ cucharaditas de vinagre

2 ½ cucharaditas de sal

4 tazas de agua

1 libra de harina de maíz

2 tazas de queso parmesano rallado para espolvorear

Para el relleno

1 cucharada de aceite de oliva

2 dientes ajo machacados

1 cebolla roja grande picada

1 libra de carne de res molida

2 cucharadas de pasta de tomates

1 taza de agua

2 cucharadas de salsa inglesa

1 cucharada de vinagre

6 hojas de laurel estrujadas

6 malaguetas

10 aceitunas rellenas de pimientos, picadas

4 huevos duros cortados en rebanadas (opcional)

Para la salsa

2 cucharadas de aceite de oliva

4 tomates Barceló sin piel y picaditos

3 cucharadas de pasta de tomate (opcional)

1 cebolla grande picada

1 tallo de apio picadito

8 hojas de albahaca

1 cucharada de salsa inglesa

sal al gusto

© M. Hernández

PREPARACIÓN

Para hacer la harina, pela y elimina las semillas de los tomates. En una paila u olla de fondo grueso pon el aceite al fuego, saltea tomates, cebolla, ajo, perejil, cilantrico, con el vinagre y la sal. Añade las 4 tazas de agua y cuando hiervan todos los sabores, agrega la harina sin dejar de mover hasta que se cocine (cuaje).

Para el relleno de carne, que puedes preparar antes, en una sartén pon el aceite de oliva a calentar. Agrega ajo y cebolla y sofríe un poco; añade la carne molida y la pasta de tomate diluida en la taza de agua. Deja a fuego bajo durante unos cinco minutos, rehogando bien el preparado mientras vas agregando los siguientes sabores: la salsa inglesa y el vinagre, dejando cocer; las hojas de laurel y la malagueta. Mantén a fuego bajo y mueve; añade las aceitunas.

Los huevos duros picaditos se añaden al final a la mezcla de carne. Retira la malagueta y las hojas de laurel, y refresca.

La salsa de tomate fresca y condimentada puedes prepararla desde antes. Coloca una sartén al fuego, calienta el aceite. Agrega los tomates, la cebolla, el apio, la albahaca y la salsa inglesa. Echa la pasta de tomate disuelta en un poco de agua, si decides usarla. Usa la sal al gusto. Cocina y deja refrescar.

Para armar el pastelón, vierte la mitad de la harina en un molde de cristal engrasado. Agrega el relleno y luego añade la otra mitad de la harina. Lleva al horno por unos 15 minutos a 300 grados F.

Saca del horno y limpia todo el borde del pirex. Sirve con la salsa de tomates y el queso parmesano rallado por encima.

Guanimo

|12 porciones|

INGREDIENTES

½ libra de carne molida

1 cucharada de aceite de oliva

1 cebolla cortada en cuadritos

1 ají verde

1 cucharadita de picadura
  de perejil

pimienta en polvo al gusto

1 pizca de orégano

6 hojas de albahaca picaditas

1 cucharadita de sal

1 cucharada de pasta
  de tomate

1 taza de harina de maíz No. 1
  (la más fina)

1 taza de azúcar

2 tazas de caldo de pollo
  (receta en página 32)

16 hojas de maíz (o papel
  encerado)

cordel para atar

agua para hervir

½ cucharadita de ketchup

1 cucharadita de tabasco

PREPARACIÓN

En una sartén sofríe la carne molida en el aceite caliente, agrega la cebolla, el ají, el perejil, la pimienta, el orégano, la albahaca y la sal. Agrega entonces la pasta de tomate. Deja cocer a fuego lento y reserva cuando esté lista.

En otro recipiente mezcla la harina de maíz, el azúcar, un toque de sal al gusto y el caldo de pollo. Mueve constantemente a fuego bajo y asegúrate de que alcance consistencia de masa para pan, espesa. Deja refrescar.

Unta aceite en la palma de tus manos y pon en una de ellas una cucharada de la harina de maíz. Ahueca la masa y rellena con la carne, cerrando como un bollito. Coloca en una hoja de maíz o de papel encerado, dobla y cierra la hoja, y átalo bien.

Pon agua a hervir y lleva los guanimos, dejándolos hervir unos 25 minutos. Retira y refresca.

Retira los guanimos de las hojas, o del papel, para servir. Puedes aderezar con ketchup, tabasco o picante natural.

El guanimo es una mezcla de harina de maíz y coco apretada dentro de hojas de maíz. Tiene un sabor dulce y se acostumbra a comer como merienda o dentro de comidas regulares.

El nombre "guanimo" es sinónimo de apretado. Por la forma cómo se prepara es pariente del pastel en hojas, pero no se encuentra con facilidad, salvo en la Línea Noroeste, donde aparece con mayor frecuencia.

✒ Pan de maíz

|12-15 porciones|

INGREDIENTES

1 taza de harina de trigo

2 tazas de harina de maíz

7 cucharadas de azúcar

3 cucharadas de polvo
  de hornear

2 cucharaditas de sal

1 cucharadita de canela
  en polvo

2 huevos

2 ½ tazas de leche

1 barra de mantequilla

8 clavos dulces, o al gusto

PREPARACIÓN

Une y cierne los ingredientes secos: harinas de trigo y maíz, azúcar, polvo de hornear, sal y canela. Aparte, bate los huevos y une bien con la leche y la mantequilla, previamente suavizada o derretida. Mezcla con los ingredientes secos hasta que la masa quede suave. Agrega los clavos dulces.

Vierte en un molde cuadrado previamente engrasado y lleva al horno a 350 grados por 20 minutos. Transcurrido este tiempo entra un cuchillo en el centro y, si sale limpio, ya está listo. Si no sale limpio, hornea por 5-10 minutos más, y haz de nuevo la prueba con el cuchillo.

Desmolda y deja refrescar.

El sabroso pan de maíz, de la rica herencia canaria, lo conoce muy bien el pueblo dominicano. Se come solo, en meriendas, y desde fechas muy antiguas se acompaña de una taza de chocolate o café. Esta receta ofrece un suave sabor.

En el hermoso barrio de San Carlos se preparan las legendarias tortas de harina de maíz, dulce y amarga. Por tradición, familias enteras la preparan con esmero. Fue este plato motivo de inspiración de la lírica de un merengue que cantaba sus cualidades convertidas en metáforas de amor: *La torta dulce, Ay mamá, la torta amarga...*

Se sirve caliente acompañada la mayoría de las veces por chocolate de agua.

✂ Torta amarga de maíz

|12 porciones|

INGREDIENTES

3 tazas de harina de maíz
1 taza de harina de trigo
2 cucharadas de polvo
   de hornear
1 cucharadita de sal
½ taza de leche de coco

½ taza de leche
½ taza de mantequilla
¼ taza de aceite
3 huevos batidos
½ coco rallado

PREPARACIÓN

Cierne y mezcla las harinas y el polvo de hornear. En otra fuente mezcla los ingredientes grasos: leche de coco y de vaca, mantequilla, aceite, huevos. Añade la ralladura de coco, siempre moviendo y uniendo. Adiciona por último los ingredientes secos y mezcla bien.

Engrasa y enharina un molde, vierte la mezcla y lleva al horno a 350 grados por 40 minutos. Luego de este tiempo, entra un cuchillo por el centro de la torta y, si sale seco, saca del horno, deja refrescar y desmolda. Si no sale seco, deja unos 10 minutos más y vuelve a verificar.

67

Torta dulce de harina de maíz

|12 porciones|

INGREDIENTES

3 tazas de harina de maíz

1 taza de harina de trigo

2 cucharadas de polvo de hornear

1 ¾ tazas de azúcar

1 pizca de sal

¼ cucharadita de nuez moscada

1 cucharadita de ralladura de limón

½ taza de leche de coco

½ taza de leche

½ taza de mantequilla

¼ taza de aceite

3 huevos batidos

½ coco rallado

1 cajita de pasas

Esta es la misma receta anterior de la torta amarga, a la que se añaden algunos ingredientes más para darle su agradable sabor dulce.

PREPARACIÓN

Cierne y mezcla las harinas con el polvo de hornear, el azúcar, la sal, la nuez moscada y la ralladura de limón. En otra fuente mezcla leche de coco y de vaca, mantequilla, aceite, huevos, con las ralladuras de coco, siempre moviendo. Por último echa los ingredientes secos y las pasas hidratadas (ver página 48), y mezcla bien.

Engrasa y enharina un molde, vierte la mezcla y lleva al horno a 350 grados por 40 minutos. Luego de este tiempo, entra un cuchillo por el centro de la torta y, si sale seco, saca del horno, deja refrescar y desmolda. Si no, dale unos 10 minutos más y vuelve a verificar.

El majarete, una especie de fina natilla de maíz fresco y especias, es un antiguo postre que nos viene de los primeros tiempos de la colonia.

Majarete

|8 a 10 porciones|

INGREDIENTES

2 docenas de mazorcas de
  maíz tiernas
2 ¼ tazas de agua
8 tazas de leche
1 taza de leche de coco

3 tazas de azúcar
1 pizca de sal
2 astillas grandes de canela
canela en polvo para
  espolvorear

PREPARACIÓN

Ralla el maíz y lava las tusas con el agua para quitar los restos maíz y utilizar esta agua enriquecida. Une el maíz rallado, el agua con los restos de maíz, la leche de vaca y de coco, el azúcar y la sal. Cuela y cocina a fuego lento con las astillas de canela.

Recuerda mover constantemente con una cuchara de madera para evitar que forme grumos. Cuando espese sirve en una fuente grande o en copas individuales, y espolvorea de canela.

© M. Hernández

Este simple dulce de maíz molido y azúcar se presenta en unos conitos de papel de vejiga, en colores, fáciles de hacer y que has de cerrar con esmero.

Su sencillez guarda los recuerdos de infancia de muchas generaciones de dominicanos que entre juegos y risas llenaban sus bocas de gofio, del dulce sabor a maíz, para a seguidas pronunciar la palabra "gofio" con un soplo que bañaba del polvillo a los compañeritos de juego.

Gofio

|40 porciones|

INGREDIENTES

3 libras de maíz seco en granos
2 libras de azúcar
hojas de papel de vejiga para hacer los cucuruchos

PREPARACIÓN

Limpia el maíz y lávalo, luego pon a secar. Coloca el maíz en una paila de hierro bien caliente y mueve constantemente con una cuchara de madera hasta que se tueste.

Deja enfriar, maja en un pilón, tritura y muele el maíz (puede ser en un procesador de alimentos) hasta que quede bien fino; pasa por un cedazo y muele nuevamente, esta vez mezclado con el azúcar.

Haz los cucuruchos o conitos de papel, echa el gofio y cierra.

© M. Hernández

73

El SABOR de nuestra GEOGRAFÍA

Nuestra bella Quisqueya, a pesar de su pequeño territorio, se ha caracterizado por ofrecer platos propios de cada región, o variantes de algunos platos según cada lugar, lo que nos muestra la gran riqueza y diversidad de frutos de la tierra, del mar y del aire que encontramos en nuestra geografía.

También nuestras comidas encierran el sabor de influencias de otras latitudes, algunas lejanas, en su estado puro o bien en innovadoras fusiones con lo mejor de nuestra cocina.

Podría sorprender a algunas personas cierta ausencia de la comida haitiana en la mesa dominicana; sin embargo, que no se les escape que en los pueblos fronterizos, así como en los bateyes de los ingenios azucareros, la convivencia sí ha parido platillos como el chenchén, el chacá, el chambre y el arenque con batata, sin dejar los dulces producidos por braceros de ambas nacionalidades, utilizando en sus recetas el melao de caña, la harina de trigo y el coco.

Las carreteras del país ofrecen en sus orillas el trabajo de los campesinos que, colocado en rústicas mesas y en primitivos estantes, logran que el viajero se detenga y pueda comprar batatas asadas calientes, semillas de cajuil o almendra tostadas, variados dulces de frutas en conserva, latas o pilas de mangos, cerdo asado en puya, largas longanizas colgadas en los cordeles, camarones y jaibas de río, tortas dulces o saladas, pan de maíz...

La cocina del Norte

Hacia el norte el paisaje se convierte en el fecundo Cibao central, una pródiga tierra que devuelve en abundancia cada semilla plantada, cuya riqueza se manifiesta en sus grandes sembradíos de arroz, sus plantaciones de tabaco, plátanos y café.

Cuando pienso en el hermoso campo cibaeño me llegan imágenes envueltas en los giros de un melodioso merengue, en la frescura de una enramada, en el rojo del flamboyán y el sabor de un buen sancocho prieto. Y digo prieto porque si bien el sancocho es nuestro plato nacional, cada región lo sirve con una presentación e ingredientes diferentes.

El sancocho es una herencia precolombina, y en la región norte se elabora como un caldo suculento a base de una variedad de carnes, vegetales y viandas adobadas siempre con el sabor de los ajíes, los cilantros y el agrio de las naranjas. Hacia el noroeste, sin embargo, el sancocho liniero lleva carne de chivo y bastante orégano, lo que resulta en una inolvidable experiencia culinaria.

Yo recomendaría servir un buen sancocho como agasajo a un extranjero, para que conozca el país a través del paladar y de una mesa montada con almidonados linos, tazones de barro cocido y flores frescas de las marchantas.

Es una costumbre muy nuestra decir que cuando se prepara un sancocho pueden llegar más personas a comer, sin haber estado convidadas, ya que solo habría que agregarle más agua al sancocho y rectificar los sabores. ¡Y es verdad!

Sancocho cibaeño

|20 porciones|

INGREDIENTES

1 libra de carne de res
(roti, cadera)

1 libra de carne de cerdo
(masa)

1 pollo de tres libras cortado
en presas

1 vara de longaniza (opcional)

10 tazas de agua

5 plátanos

2 libras de yautía blanca

2 libras de ñame

2 libras de yautía amarilla

2 libras de yuca

6 mazorcas de maíz

2 libras de auyama

3 cucharaditas de orégano

1 cabeza de ajo grande con sus
dientes pelados

7 cucharadas (de postre) de sal

2 ajíes grandes

1 ramito de cilantro

10 granos de malagueta

¼ de taza de agrio de naranja

¼ de taza de vinagre blanco

picante al gusto

PREPARACIÓN

Corta las carnes y los víveres en pedazos pequeños y medianos. Sazona las carnes (con orégano, ajo, sal, ají, cilantro, malagueta) y ponlas a hervir en un caldero grande. Una vez estén cocidas y con color agrega los plátanos, y poco después los demás víveres (yautía, ñame, yuca, maíz, auyama).

Cuando tu preparado esté espeso rectifica la sal y otros sazones, y si ya está, apaga el fuego, agrega el vinagre y el agrio de naranja. Es importante que los agregues al final, ya que si lo haces antes, el caldo se pondrá negro.

Sirve con arroz blanco y aguacates. Coloca el tabasco, picante natural o el ají caribe aparte, para que cada quien los use a su gusto.

La vara de longaniza es un ingrediente opcional, la cortas en ruedas y se echa al tiempo que las demás carnes.

© M. Hernández

El cerdito coge el avión

Guardo en mi interior una percepción de felicidad ante el recuerdo de los pasadías de mi juventud en el Santiago de mediados de los años cincuenta del siglo pasado.

Éramos jóvenes y vivíamos alegres. Algunos domingos inventábamos ir de pasadía a los hermosos campos de Gurabo y Jacagua, adonde llegábamos los del pueblo a bailar en pisos de tierra pulidos a golpe de escoba, al ritmo de los inagotables pericos ripiaos. Recuerdo que siempre había un momento, entre merengue y merengue, para ir a ver cómo se asaba el puerco en puya.

Creo que para todos los quisqueyanos, un cerdito asado en puya es un irresistible espectáculo que marca en uno la dominicanidad.

También se le llama puerco asado en vara sobre leña seca, y es todo un ritual el de los preparativos que se hacen hasta comenzar el asado: elegir un espacio amplio, amontonar la leña seca, tener leña adicional a la del asado con la brasa encendida y lista para agregarla, encontrar dos horquetas fuertes que sostengan el cerdo, y un palo largo y recto que lo atraviese.

Aseguran que hay que sazonar el cerdo la noche antes, y colgarlo hasta el otro día para que escurra y suelte sus líquidos naturales. Dicen que en este procedimiento reside gran parte del éxito de este asado.

Un puerquito asado es, además, el plato tradicional de la navidad dominicana. Por cumplir con esta tradición tan nuestra viví una experiencia inolvidable, que aunque hoy me hace sonreír, en aquel momento no fue nada placentera.

En 1980, yo viajaba casi todos los meses a Estados Unidos y solía pasar por aduanas con rapidez. Siempre

trataba de no llevar nada que me provocara dilación o inconvenientes, pero esta vez, aunque solo llevaba mi maleta de mano, las cosas salieron de otra manera.

Esta vez iba a viajar con Llillín, amiga de infancia muy querida, quien llegó a mi casa y de ahí nos fuimos al aeropuerto. Al darme cuenta del gran tamaño de su maleta, le advertí que no quería problemas y ella, con su cara más inocente, me contestó que no llevaba nada especial.

En el aeropuerto de Nueva York, pasamos la aduana sin más, pero al recoger los equipajes vi a mi amiga arrastrando trabajosamente su maleta, hasta cojeaba al caminar.

Yo la miraba con suspicacia, pero ella se hacía la desentendida.

Al llegar al apartamento donde iba a quedarse, Llillín abrió con júbilo la maleta. Para el asombro de todos, en el fondo descansaba un puerco asado ¡enterito!, traído desde la famosa lechonera de Milito en Santiago.

El asombro duró apenas un segundo antes de estallar un griterío de alegría por todo el apartamento. El cerdo tenía veinte libras, con cabeza, rabito y todo. Además, repartida por toda la maleta, mi tremenda amiga traía doce botellas de ron —¡una caja!— y varios paquetes de casabe, que fue sacando uno a uno en medio de la algarabía y las risas.

Lo pasó por la aduana con toda su ropa encima, muy bien envuelto y cubierto con unos cartones perfectamente colocados. Aquello fue una obra de arte que hizo que todos en la casa aplaudieran mientras yo salía echando chispas, diciéndole que nunca más volvería a viajar con ella. Por dentro me reía de su hazaña.

Cerdo asado en puya

|35 porciones|

INGREDIENTES

1 cerdo de 18 a 20 libras

20 cucharadas de agrio de naranja

5 cucharadas de orégano fresco

3 cabezas de ajo machacado

20 unidades de cebollín picado

10 cucharadas de sal

4 cucharadas de pimienta

PREPARACIÓN

El día anterior al servicio abre el cerdo por la panza, limpiándolo de las vísceras. Lávalo con mucha agua y déjalo secar; repite el lavado con naranja agria. Sazona con orégano, ajo, cebollín, más naranja agria, sal y pimienta. Úntalos por toda la superficie del cerdo, y déjalo colgando toda la noche, para escurrir el agua.

Al día siguiente enciende un fuego de leña. Introduce un palo por debajo del rabo del cerdo, sacándolo por su boca, y amarra las patas al palo.

Una vez el fuego esté listo, comienza el asado colocando el cerdo sobre dos estacas con horquetas, dándole vueltas cada cierto tiempo. Alimenta el fuego paulatinamente, llegando a producir brasas que lo aviven sin ahumar.

Agrega más jugo de naranja agria al final, para que el cerdo se dore bien y los cueritos queden crujientes.

Acompaña con moro, víveres hervidos con cebollita por encima y trozos de casabe tostado.

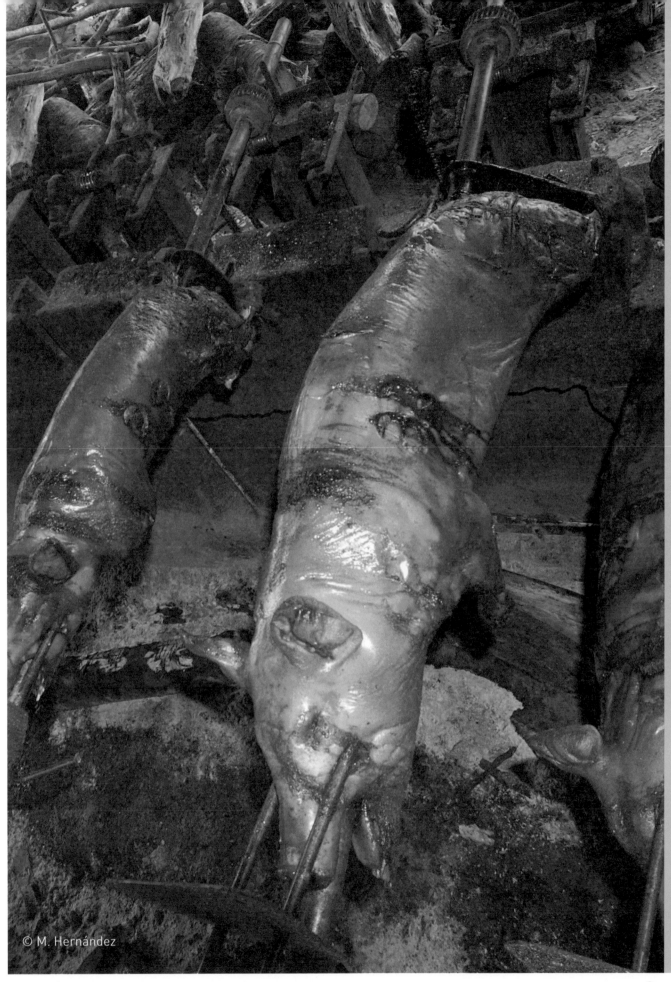

81

Pierna de cerdo en salsa de tamarindo

|15 a 20 porciones|

INGREDIENTES

1 pierna de cerdo de 12 a 15 libras

8 dientes de ajo machacados

2 cebollas grandes picadas

8 cucharadas de sal

2 cucharadas de orégano fresco

2 tazas de jugo de naranja agria

2 cucharadas de salsa inglesa

1 botella pequeña de salsa de soya

2 tazas de vino blanco seco

pimienta a gusto

Para la salsa

4 tomates maduros cortados en ruedas

1 limón agrio para sacar el jugo

1 taza de azúcar

¼ taza vinagre de vino

½ taza de agua

1 taza de pulpa de fruta de tamarindo

2 cucharaditas de sal

PREPARACIÓN

Retira el cuero de la pierna de cerdo y quita toda la grasa blanca. Pesa la pierna y anota las libras, ya que ese número te indicará el tiempo que debe estar la pierna en el horno (se calcula media hora de horno por libra). Lávala con abundante agua y jugo de naranja agria, y luego sécala con un paño. Procede a sazonar con todos los ingredientes licuados.

Cubre la pierna con papel de aluminio, si lo deseas, para acelerar la cocción, y lleva al horno a 350 grados. Si usas el papel de aluminio, una media hora antes de concluir el asado, retíralo para que se dore la pierna.

Esta pieza de casi 15 libras se lleva de horneo de cinco a siete horas: media hora por libra. Debes calcular bien tus horarios y tu tiempo.

Sirve con la salsa de tamarindo que sigue.

Salsa de tamarindo

Recoge los residuos del fondo de la plancha o envase donde has horneado la pierna y ponlos en un caldero de fondo grueso. Añade los ingredientes de la salsa: tomates, jugo de limón, azúcar, y cuece a fuego bajo. Agrega el vinagre, el agua y la pulpa de tamarindo.

Mueve suavemente y sin parar para que se unan los ingredientes. Deja enfriar, remueve los residuos (las partículas que no se hayan disuelto) y sirve en una salsera al lado de la pierna.

Fuente externa

Esta clásica ensalada
de papas, sencilla pero
enriquecida con un
toque de manzana, es ideal
para comer con el puerco
asado con salsa de tamarindo.

Ensalada de papas, apio y manzanas

|8 a 10 porciones|

INGREDIENTES

4 libras de papas	1 tallo de puerro chino
2 tallos de apio	10 cucharadas de mayonesa
2 manzanas	½ taza de aceite de oliva
jugo de limón	sal al gusto

PREPARACIÓN

Pela, corta en dados y pon a hervir las papas, sin ablandar demasiado. Cuando estén a punto, saca del agua y deja enfriar.

Pela y corta las manzanas a la brunoise (en cuadritos pequeños), rocía con jugo de limón para que no se pongan oscuras; haz lo mismo con los tallos de apio, quitándoles las fibras. Por último, corta el tallo de puerro chino en rueditas finas.

Une las papas con los demás ingredientes con delicados movimientos envolventes, ayudándote de dos cucharas. Añade la mayonesa, el aceite de oliva y la sal. Lleva a la nevera hasta servir.

Panecicos de yuca

|15 porciones|

INGREDIENTES

4 libras de yuca

2 cucharaditas de sal

3 cucharaditas de anís

1 ½ libra de chicharrón de
cerdo

4 cucharadas de agua

2 cucharadas de aceite de
cocinar

15 hojas de mazorca de maíz

cordel para atar

PREPARACIÓN

Ralla la yuca como si fueras a elaborar casabe; coloca la masa obtenida en un paño limpio y exprime fuerte, de manera que salga todo el almidón.

Agrega la sal y el anís; te recomiendo hervir un poco el anís antes de agregarlo a la masa. Tritura y humecta los chicharrones con las cucharadas de agua, añade a la masa y mezcla bien.

Prepara las hojas de maíz doblándolas hasta que queden planas.

Unta el aceite en las hojas. Toma una hoja de maíz abierta y en el centro de la misma coloca 4 cucharadas de la masa. Envuelve la masa con la hoja de maíz formando un rollo y ata bien con el cordel, hasta que quede apretada.

Haz todos los panecicos y lleva al horno a 350 grados por 50 minutos, dándoles vuelta de vez en cuando para que se cocinen sin que se quemen.

Después de asados mantenlos atados un buen rato, para que conserven la forma.

DE LA SIERRA A SANTIAGO

Este plato tiene algo de rudimentario y ancestral. Es una comida lograda con pocos ingredientes, pero con la suficiente "naiboa", como diría un buen cibaeño, para ser un plato especial.

Los conocí en los afanes que desplegaba mi tía Lilón por conseguirlos en Santiago y enviárselos a su hija Petrica a la capital. A la pequeña galería de tía Lilón llegaban unos campesinos que venían de la Sierra a caballo, y respetuosos preguntaban por "la señorita", como todos llamaron siempre a mi tía, pese a que fue vieja toda su vida. Limpiando sus manos llenas de harina en su gran delantal, ella salía feliz y presurosa a ver qué le traían.

Sacaban de las árganas unos tubos de yuca molida, mezclada con pedacitos de chicharrón, que acabados de hacer eran una delicia, y tenían la virtud de que cuando pasaban los días y se ponían viejos, se hacían más duros y tenían mejor sabor.

TAPAS CRIOLLAS

Los bocados calientes y fríos en forma de picaderas hacen de las antiguas recetas toda una experiencia con aires de actualidad. Ahora se pueden servir las humildes arepitas de yuca como una tapa fina perfumada de anís.

Los españoles son famosos, entre otras cosas, por degustar mientras beben su aperitivo una variada gama de bocaditos, llamados tentempiés o entremeses, piscolabis o picaderas. Son platillos de embutidos y jamones cortados en pequeñas piezas y ofrecidos con aceitunas en aceite de oliva, trozos de pan y frutos del mar, que van degustando al calor de los encuentros en los bares de tapas de Madrid.

Si dominicanizamos las tapas, ofreceríamos picaderas de tostones, longanizas fritas y, entre otras exquisiteces calientes, nuestras arepitas de yuca.

Arepitas de yuca

|24 porciones|

INGREDIENTES

4 libras de yuca

4 cucharadas de leche

2 cucharadas de mantequilla

2 cucharaditas de polvo
  de hornear

3 huevos

3 cucharaditas de sal

1 cucharadita de anís

4 tazas de aceite de maní
  o de tu preferencia

PREPARACIÓN

Pela y ralla la yuca. Saca un poco de su jugo, exprimiéndola, y agrega la leche. Suaviza la masa con la mantequilla y echa el polvo de hornear.

Bate los huevos con la sal y el anís, y une a la mezcla.

En una sartén grande pon dos tazas del aceite a calentar, y cuando esté a punto, ayudada por una cuchara grande coloca la mezcla de las arepitas por cucharadas. A medida que doren sácalas y agrega más aceite a la sartén. Fríe y continúa haciendo el resto de las arepitas. Sírvelas calientes.

© M. Hernández

La receta de las hojuelas de buen pan busca aprovechar al máximo sus sencillos ingredientes. Esta versión en particular es de mi amiga Gisela Vega, a quien llamo "la alquimista". Una vez prueben las hojuelas sabrán la razón.

Esta guarnición resulta exquisita como una fritura transparente y volátil. Es una forma de utilizar un fruto que fue traído al país como alimento de los esclavos africanos y que al día de hoy casi no tiene uso en la gastronomía dominicana.

Hojuelas de buen pan
|15 a 20 hojuelas|

INGREDIENTES

1 buen pan sin semillas

2-3 tazas de agua fría

1 cucharadita de sal

aceite

PREPARACIÓN

Corta el buen pan en lonjas finas y mantenlas en agua fría con sal hasta que procedas a freírlas en aceite caliente. Al sacarlas del sartén, déjalas sobre servilletas de papel absorbente para que escurra al aceite sobrante. Quedan delicadas y crujientes.

Aguají

|8 porciones|

INGREDIENTES

4 plátanos verdes
aceite de maní
4 cucharadas de aceite de oliva
8 dientes de ajo
10 tazas de agua
6 granos de malagueta
2 cucharadas de sal
1 cucharada de vinagre

2 ajíes verdes grandes
4 hojas de cilantro ancho
5 tallos de puerro
1 rama de cilantrico (cilantro rizado)
8 claras de huevos
1 ají picante (opcional)

PREPARACIÓN

Para asar los plátanos, pélalos y úntalos de aceite de maní. Coloca sobre la rejilla o parrilla del horno caliente a 350 grados hasta que se doren. También se pueden asar sobre una plancha dentro del horno. Reserva.

En una sartén de fondo grueso calienta el aceite y sofríe el ajo machacado para que suelte bien su sabor. Agrega los ajíes verdes cortados a la juliana y mueve bien para que no se quemen. Agrega el agua, la malagueta y la sal, el vinagre y el bouquet garní (atado de verduras frescas: cilantro, puerro, cilantricos, que harás con hilo de cocina). Las yerbas se retiran cuando esté listo el plato.

Coloca a hervir a fuego lento por unos 25 minutos, mientras vas machacando los plátanos ya asados en un pilón con sal y ajo; agrégalos al caldo en ebullición. Deja cocer a fuego bajo y en el último hervor agrega las claras de huevos, una por una, hasta que se coagulen. Rectifica los sabores, baja el fuego y deja reposar.

Si vas a usar el ají picante, hazlo al finalizar la cocción, lo dejas por 5 minutos y luego lo retiras.

Sirve caliente, cuidando de poner una clara coagulada en cada plato.

Puedes acompañar de crujientes casabitos tostados con aceite de oliva

EL AMIGO DE WASHINGTON

Un día llegó a visitarme mi amigo Roberto Álvarez, quien años atrás había trasladado su famoso Café Atlántico a Washington, la capital estadounidense. En esa ciudad ya había logrado todo el éxito que se pueda desear: llegó a ser dueño del famoso restaurante de tapas Jaleo, en innovación continua abrió Zaytinya dedicado a la cocina mediterránea y del Medio Oriente, y con Oyamel pareció llenar su gusto por la mejor comida mexicana. Ahora, ya retirado, andaba preguntando la receta del aguají.

Como buena cibaeña que soy, le conté que el revitalizante caldo claro llevaba plátanos verdes asados desmoronados y le describí las delicias de la corteza quemadita y abierta del plátano asado en medio del caldo.

El detalle de esta sopa, le dije, está en agregar claras de huevo al final, que se coagulan de inmediato y parecen islas flotantes.

El aguají aún es ofrecido en República Dominicana hasta a los enfermos, pues es tonificante y muy económico. También le dicen "sopa de pobre", ya que se puede hacer con unos pocos ingredientes.

Recuerdo que Roberto la saboreó con la imaginación, como solo él lo sabe hacer, y me dijo que la iba a convertir en un plato digno de sus elegantes restaurantes en Washington.

Esta sopa, un plato clásico de la gastronomía nacional que no podía quedarse fuera, es muy reconfortante y muchos dicen que sirve como antídoto eficaz contra la tristeza. El dominicano la llama "sopa de clínica", evocando la costumbre de larga data de darles a las mujeres recién paridas esta famosa sopa.

Sopa de pollo

|6 porciones|

INGREDIENTES

1 pollo de 2 libras

1 naranja agria

4 dientes de ajo machacado

1 cebolla grande picada

1 ají gustoso picado

½ taza de aceite verde

12 tazas de agua

1 ½ cucharadas de sal

1 libra de auyama

4 hojas de cilantro ancho

1 rama de cilatrico rizado

2 hojas de laurel

6 granos de malagueta

1 cucharada de vinagre

1 libra de papa

1 libra de yuca

1 libra de zanahoria

2 niditos de fideos

PREPARACIÓN

Retira la piel del pollo, córtalo en piezas y lava con el agrio de naranja. Sazónalo con el ajo, la cebolla, el ají gustoso.

Pon el aceite en una olla, añade las piezas de pollo sazonado y cocina por unos minutos. Cuando la carne esté blanqueando, agrega las tazas de agua, la sal, la auyama, los cilantros ancho y rizado, el laurel, la malagueta y el vinagre, dejando hervir por 25 minutos.

Baja del fuego y cuela la sopa. Al caldo limpio y con sabor agrega papa, yuca y zanahoria previamente cortadas a tamaño de mordida.

Lleva al fuego alto para hervir por 15 minutos más; luego baja el fuego y deja cocer por otros 15 minutos.

Agrega los niditos de fideos en el último hervor, así se cocinarán y quedarán al dente. Rectifica la sal y deja refrescar.

© M. Hernández

El arroz fue traído por los españoles al Nuevo Mundo, y desde entonces su consumo se ha masificado en el país, hasta convertirse en uno de los componentes de la "bandera nacional", como se le llama al plato imprescindible de la dieta dominicana compuesto por arroz, habichuelas y carne. El dominicano siente que no ha comido si no consume arroz en el menú diario.

Este nutritivo alimento se presta a ser preparado de muchas formas, desde simplemente cocido con agua, a la usanza china, hasta llegar a una elaborada paella de origen español.

Se encuentra en los deliciosos locrios, asopaos y sopiones, el locrio de salchichón, el locrio de arenque, el arroz con pollo, los moros de habichuelas y de guandules con coco, el asopao de pollo y de camarones, y el pastelón de arroz relleno de pollo y crema. Toda la riqueza culinaria de los dominicanos hecha arroz.

Pastelón de arroz relleno de pollo y crema
|12 porciones|

INGREDIENTES

Para el relleno de pollo

2 pechugas grandes de pollo cocidas al vapor y cortadas en trozos

1 cebolla grande picadita

2 dientes de ajo

4 hojas de laurel troceadas (se retiran del relleno antes de cerrar el pastelón)

4 cucharadas de aceite de oliva

3 tomates pelados y sin semillas

2 tallos de apio

1 pimiento rojo dulce

1 zanahoria hervida

2 tazas de aceitunas sin hueso picadas

2 tazas de pasas

2 ramitas de perejil (solo las hojas)

2 ramitas de estragón fresco (solo las hojitas)

6 malaguetas

1 cucharadita de sal

1 cucharada grande de pasta de tomate

1 taza de vino blanco

Para el arroz

4 tazas de arroz

8 tazas de agua

3 huevos

1 ½ barra de mantequilla

sal y pimienta al gusto

1 ½ taza de queso parmesano

Para la salsa bechamel

2 tazas de leche

2 cucharadas de mantequilla

1 cucharadita de sal

1 pizca de pimienta blanca (menos de ⅛ de cucharadita)

3 cucharadas de harina

1 toque de nuez moscada rallada

PREPARACIÓN

Para el relleno, sazona las pechugas con cebolla, ajo, hojas de laurel (recuerda estrujarlas un poco) y un punto de sal. Cocina al vapor y luego córtalas en pedacitos como de una pulgada cada uno.

Pon las 4 cucharadas de aceite al fuego con los pedacitos de pechuga. Agrega el resto de los ingredientes bien picaditos:

© M. Hernández

tomates, apio, pimiento, zanahoria, aceitunas, pasas, perejil, estragón y las bolitas de malagueta. Agrega la sal, la salsa de tomate y el vino, y deja fuego lento. Cuando esté listo, retira el laurel, las malaguetas y las yerbitas.

Reserva hasta el momento de rellenar el pastelón.

La salsa bechamel

Coloca la leche en una olla a fuego bajo, agrega la mantequilla, la sal y la pimienta, mueve bien y agrega la harina cernida. Mueve constantemente y al final añade el toque de nuez moscada y reserva. Esta es una salsa bechamel ligera para suavizar el relleno.

Cocina el arroz blanco y deja refrescar, mezcla con los huevos batidos previamente con un tenedor. Agrega la mantequilla ya suavizada, la sal y la pimienta y el queso rallado, dejando un poco para poner encima antes de servir.

Para armar el pastelón, enmantequilla un pirex rectangular y coloca en el fondo la mitad del arroz, luego una capa de relleno, esparciéndolo bien, y moja con la salsa bechamel con cuidado por encima del relleno de pollo. Por último, coloca la otra mitad de arroz y agrega más queso rallado por encima. Lleve al horno por 35 minutos a 350 grados.

Sancocho de habichuelas

|8 porciones|

INGREDIENTES

4 cucharadas de aceite de oliva

1 pizca de orégano

½ taza de apio

1 cebolla roja picada

4 dientes de ajo machacado

1 cucharadita de cilantro picado

1 libra de longaniza picada

½ libra de tocino o cerdo ahumado

12 tazas de agua

4 cucharadas de jugo de naranja agria

2 tomates rojos y firmes picado

½ cucharadita de ají gustoso triturado

4 tazas de habichuelas rojas blandas

2 tazas caldo de pollo (receta en página 32)

1 cucharadita de azúcar

½ libra de batata

½ libra de mapuey

2 plátanos verdes

1 libra de auyama

2 cucharaditas de sal

1 toque de su picante favorito

PREPARACIÓN

Calienta el aceite en un caldero de fondo grueso. Agrega el orégano, el apio, la cebolla, el ajo y el cilantro. Cuando se esté secando agrega las carnes, dos cucharadas de agua, el agrio de naranja, los tomates y el ají gustoso; mueve bien.

Agrega las habichuelas, el agua restante, el caldo de pollo. Echa también el azúcar, los víveres picados y las 2 cucharaditas de sal.

Deja hervir a fuego mediano, hasta que la consistencia quede como una crema. Rectifica la sal y añade el picante al gusto. Sirve con arroz blanco y aguacate.

Se prepara con granos (arvejas, lentejas, garbanzos, habichuelas o guandules) y verduras, y queda mojadito.

Los inesperados sabores dulces y picantes de este plato hacen que al comerlo la experiencia sea inolvidable.

Asopao de pollo

|10 porciones|

Los asopaos se llevan a la mesa dominicana en tiempo de lluvia, o para engalanar un menú suculento y fuera de serie para invitados. Es una comida elaborada que se sirve en platos hondos acompañados de casabe tostado y aguacate.

No queda como un caldo, sino como un arroz flojo, entero y cremoso, con todas las demás verduras. También se hace de camarones.

INGREDIENTES

1 pollo de 4 libras
1 naranja agria
½ taza de aceite de oliva
1 barra de mantequilla
4 dientes de ajo machacados
2 cebollas en ruedas
3 tomates grandes rojos y firmes, picados y sin semillas
1 ají verde grande
4 cucharadas de vinagre
2 hojas de cilantro ancho (sabanero)
1 ramito de perejil
6 malaguetas
4 hojas de laurel
1 cucharadita de orégano
2 cucharadas de sal
2 cucharadas de salsa inglesa
½ libra de jamón crudo cortado en dados
1 hueso de jamón
2 libras de arroz
20 tazas de agua
20 aceitunas
1 lata grande de petit pois
1 lata mediana de pimientos morrones para decorar
10 espárragos de lata para decorar

PREPARACIÓN

Limpia y corta el pollo en trozos pequeños, y báñalo con el jugo de la naranja agria. Coloca el aceite de oliva y la mantequilla en un caldero de fondo grueso, y cuando esté caliente agrega ajo, cebolla, tomate, ají, vinagre, cilantro y perejil. Incorpora la malagueta, el laurel, el orégano, la sal y la salsa inglesa.

Agrega el pollo y el jamón y mueve, agrega el hueso de jamón para darle gusto a tu preparado. Deja cocinar por unos cinco minutos para que se sofrían en este sabor.

Cuando las carnes estén cocidas, agrega el arroz y dos tazas del agua, moviendo bien. Deja secar y agrega el resto del agua bien caliente, siempre a fuego bajo. Cocina el arroz, agrega las aceitunas y el petit pois. Rectifica la sal y cualquier otro sabor a tu gusto.

Mueve el asopao y retira la malagueta, el laurel, los cilantros y el perejil.

Sírvelo en un gran tazón, y coloca por encima los espárragos y los pimientos morrones.

Sugiero acompañar con:
• Ensalada de verduras frescas y lechugas
• Tostones con sal

EL CILANTRO Y EL MORO

El doctor Anulfo Reyes, mi amigo, es un distinguido médico oftalmólogo dominicano que integró frente junto a Manolo Tavárez Justo en el alzamiento guerrillero de Las Manaclas. Un día me llamó para que viera con mis ojos cómo elaboraba "su" moro, en medio de una auténtica cocina de campo.

Vi cómo el querido amigo tomó las hojas de una mata de cilantro ancho de bordes espinosos y desprendió con cuidado las largas hojas una por una. Cuando me acerqué, muerto de la risa me dijo: "Mira, aprende cuál es el secreto del sabor de un buen moro".

Para mis adentros pensaba: ¿Y quién no sabe hacer un moro en este país? Pero en ese momento mi amigo levantaba la tapa de un gran caldero de hierro y, envuelta su cabeza en los vapores que despedía, me dijo: "Aún le falta un poco; mira, ahora voy a voltear el arroz y este ramo de cilantro se lo voy a poner enterito por encima como si fuese una tapa. Es un secreto culinario".

Estrujaba un poco las hojas antes de colocarlas, para que con el calor se desmayaran y soltaran todos sus jugos. Al hablar iba haciendo todo lo que decía, volvía a tapar su moro y entonces, riendo, bebía con fruición del trago de whisky que tenía en la otra mano.

Poco tiempo después fui servida, y puedo jurar que nunca había comido un moro tan rico.

Moro
|6 porciones|

INGREDIENTES

1 libra de habichuelas negras (frijoles)
9 tazas de agua
4 cucharadas de aceite de oliva
10 tomates Barceló maduros y sin piel
1 ½ cucharadas de sal
1 cebolla grande
2 ramitas de perejil
2 hojas de cilantro ancho
sabanero
3 dientes de ajo
1 ají verde
2 cucharadas de vinagre
½ cucharadita de orégano
⅛ cucharadita de pimienta
4 tazas de arroz
1 ramo entero de hojas de cilantro ancho

PREPARACIÓN

Limpia, lava y pon a hervir las habichuelas negras en las nueve tazas de agua, hasta que ablanden. Reserva el agua.

En la olla donde vas a hacer el moro pon parte del aceite y sofríe los tomates cortados con la sal y la cebolla picada. Del agua donde hirvieron los frijoles mide seis tazas y agrega a tu preparado. Cuando hierva, añade los otros ingredientes (perejil, cilantro, ajo, ají, vinagre, orégano, pimienta) y agrega el arroz.

Cuando seque el arroz baja el fuego y agrega una o dos cucharadas de aceite de oliva, y deja cocer a fuego lento. Volta el moro, rectifica los sabores y cubre totalmente con las hojas de cilantro. Tapa el caldero por unos minutos más y deja las hojas soltar todos sus jugos.

Cuando vayas a servir, retira las hojas de cilantro y mueve el moro.

© M. Hernández

En el siglo pasado el arenque seco, salado y ahumado era consumido por las familias más pobres. Traía muchas espinas y había que limpiarlo con mucho cuidado. Lo mezclaban con arroz y verduras para hacer el locrio de arenque, o hacían un guiso y lo acompañaban de plátanos hervidos y aguacates.

El locrio de arenque es una de las comidas emblemáticas de la mesa dominicana.

La diferencia entre los moros y los locrios es que los primeros se hacen solo de granos y legumbres, nunca con carnes, mientras que los segundos se hacen en base a mariscos, aves y carnes.

Locrio de arenque

|6 porciones|

INGREDIENTES

1 libra de filetes de arenque
½ taza de aceite de oliva
1 libra de tomates
1 cebolla blanca grande
1 ají verde
5 dientes de ajo machacados
2 cucharaditas de sal (si se requiere)
1 hoja de cilantro ancho
2 ramitas de cilantrico rizado
2 ramitas de puerro

2 hojas de laurel
2 cucharadas grandes de pasta de tomate
1 pedazo de auyama cortada en trocitos
1 tallo de apio cortado en pedacitos
1 cucharada de vinagre
6 tazas de agua
2 libras de arroz

PREPARACIÓN

Pon los filetes de arenque por dos horas, o más, en agua, sin dejar que se rompan, para que boten la sal.

En un caldero de fondo grueso, echa la mitad del aceite para sofreír los tomates, las cebollas, el ají, el ajo, la sal (con cuidado ya que el arenque trae bastante sal) y las verduras (cilantro, cilantrico, puerro y laurel). Añade la pasta de tomate disuelta en un poco de agua y agrega los arenques. Deja unos minutos, mueve con delicadeza y añade los pedacitos de auyama, el apio y el vinagre.

Agrega el agua y mueve un poco. Una vez comience a hervir echa el arroz, dejando cocer a fuego alto. Cuando seque, baja el fuego y rectifica los sabores. Tapa y cocina por unos 15 minutos; destapa, agrega el resto del aceite y deja por 10 minutos más. Comprueba que haya ablandado el grano y retira todas las verduritas.

© J. Cruz

Chambre

|12 porciones|

Por la naturaleza de sus ingredientes, el chambre entra dentro de las sopas, sopiones, zambumbias y condumios de origen español, junto al sancocho.

Es uno de los platos del acervo cultural de los cibaeños. Hecho a base de guandules y carnes, es tan sustancioso que aguanta las improvisaciones, y resulta ideal para prepararlo con sobrantes de ingredientes. Un chambre es sinónimo de hospitalidad en la región del Cibao.

INGREDIENTES

5 tazas de guandules frescos

18 tazas de agua

1 libra de longaniza cortada en trozos pequeños

1 libra de chuletas ahumadas cortadas en trozos pequeños

1 libra de costillas ahumadas cortadas en trozos pequeños

1 cebolla picada

3 dientes de ajo machacados

1 tallo de apio cortado en pedazos pequeños

1 cucharadita de orégano fresco

1 cucharada de sal

1 cucharadita de pimienta

½ taza de cilantro ancho o sabanero y cilantricos picados

4 cucharadas de aceite

¾ libra de arroz

2 plátanos verdes en rueditas

1 libra de batata picadita

2 mazorcas de maíz cortadas en ruedas

1 libra de auyama cortada en trozos pequeños

2 cucharadas de jugo de naranja agria

PREPARACIÓN

Lava y limpia los guandules. Lleva a hervir en el agua hasta que estén blandos pero enteros, y reserva con el agua.

Sazona previamente las carnes con la cebolla, el ajo, el apio, el orégano, la sal y la pimienta. Pon el aceite en una olla de fondo grueso y sofríe las carnes hasta que se cocinen.

Cuando estén listas agrega los guandules con su agua, así como el resto de los ingredientes: primero el arroz, y luego los plátanos, la batata, el maíz y la auyama siempre a fuego bajo. Mueve ocasionalmente.

Cuando ablande el arroz y los víveres, y se haya consumido buena parte del agua, prueba y rectifica los sabores.

Agrega y mezcla las dos cucharadas de agrio de naranja antes de servir.

© M. Hernández

Concón de arroz

|2 porciones|

INGREDIENTES

1 taza de arroz
2 tazas de agua
2 cucharadas de aceite de oliva
1 cucharadita de sal

PREPARACIÓN

Pon el agua a hervir, y cuando rompa el hervor echa el arroz,
el aceite y la sal, mueve un poco. Baja el fuego, deja secar, voltea
con una cuchara y tapa, dejando cocer hasta que ablande el grano, por unos 15 minutos

Durante la primera cocción se debe mover varias veces e ir
despegando el arroz que se va quedando en el fondo, ya que el
concón se forma con el que se pega después de haberlo tapado.
De lo contrario, quedaría muy grueso y su sabor cambiaría.

Otra de las técnicas para hacer concón es subir un poco el
fuego después de sacar el arroz ya listo, mientras despegas el concón y lo doras un poco más.

© M. Hernández

El arroz con leche nos llega de la cocina española. Fue traído a América por los conquistadores que lo habían asimilado de los otros conquistadores de su tierra: los árabes, quienes llevaron a España el arroz, el azúcar y las especias.

Al paso de los años la receta se ha mostrado abierta en su preparación, pero siempre manteniendo la esencia de ser un postre de arroz con leche y especias.

Como santiaguera doy fe de los deliciosos platos de arroz con leche de mi infancia y mi feliz adolescencia. Me llega su memoria envuelta en los giros de la ronda infantil, en los recreos del colegio Sagrado Corazón de Jesús mientras cantábamos alegres: *"Arroz con leche / me quiero casar / con una viudita de la capital / que sepa tejer / que sepa bordar / que ponga la aguja en su mismo lugar / con ésta sí / con ésta no / con esta viudita me caso yo".*

En cada región y país le ponen un sello distinto con variaciones en las letras de la canción infantil... y también a la receta original del rico, pero sencillo postre. Esta es la mía con la receta original de mi tía Lilón.

Arroz con leche
|4 porciones|

INGREDIENTES

10 tazas de leche
1 taza de azúcar
1 cáscara de limón
1 astilla de canela
1 taza de arroz de grano largo
4 cucharadas de mantequilla
canela en polvo

PREPARACIÓN

Combina la leche, el azúcar, la cáscara de limón y la astilla de canela en un recipiente que pueda ir al fuego, y pon a hervir.

Cuando esto suceda, saca la canela y la cáscara de limón, y agrega el arroz. Baja el fuego y deja cocer por 30 minutos. Mueve constantemente con una cuchara de madera para que no se pegue al fondo.

Añade la mantequilla y deja por cinco minutos más. Retira del fuego y deja reposar.

Sirve en platos o fuentes de cristal para postres, o en copas. Rocía con una ligera llovizna de canela en polvo.

La textura de este plato es consistente y delicada; debe quedar con una fina capa de leche por encima del mismo, que asegura la humedad. En muchos países agregan yemas y crema de leche a la preparación; para servirlo lo bañan con miel y le agregan pasas, ciruelas, almíbar, nueces y licores.

© M. Hernández

Otro de los gratos recuerdos de mi infancia es el de las habichuelas con dulce, un postre exclusivo de República Dominicana, de origen incierto.

Algunas de las investigaciones realizadas por el sociólogo José Guerrero arrojan que puede ser una fusión de las cocinas africana y española. Otra versión relaciona el plato con la era de Francia en Santo Domingo (1795-1809), en donde hubo un tipo de frijolillo de abundante consumo.

Cuando llega el tiempo de Cuaresma, y la sequía y los vientos azotan al país, en el Cibao y la capital se acostumbra a comerlas con los granos, así como cremosas y coladas, mientras que en el Sur las hacen de habas.

La magia de este dulce reside en su textura limpia y cremosa, su punto correcto de azúcar.

En tiempo de Cuaresma y en la Semana Santa, los dominicanos tienen por costumbre convidar a un delicioso plato de habichuelas con dulce, y en un mismo día se llega a probar hasta dos y tres habichuelas que envían distintos vecinos o familiares.

Habichuelas con dulce
|20 porciones|

INGREDIENTES

2 libras de habichuelas rojas
20 tazas de agua
3 astillas de canela
10 clavos dulces
10 tazas de leche
5 tazas de azúcar
2 cucharaditas de sal
3 libras de batata cortada
   en dados

3 cajitas de pasas
3 tazas de leche de coco
4 cucharadas de mantequilla
1 cucharadita de nuez moscada
galletitas y casabe tostado
   para servir

PREPARACIÓN

Pon un caldero al fuego con las tazas de agua y las habichuelas, la canela y los clavos. Cuando ablanden, retira las especias, refresca un poco y saca las habichuelas para licuarlas con un poco del agua en que hirvieron. Añade las tazas de leche, el azúcar, la sal, los pedacitos de batata cruda y mueve bien con una cuchara de madera.

Pon esta mezcla a hervir a fuego vivo por media hora, y sigue moviendo. Al cabo, retira el caldero del fuego. Agrega las pasas y la leche de coco, si la vas a usar; en caso de que no lo hagas, agrega la misma cantidad de leche de vaca, y añade la mantequilla. Lleva nuevamente el caldero a fuego bajo, deja unos 10 minutos y agrega el toque de nuez moscada.

Baja del fuego, deja refrescar y guarda en la nevera. Sirve en fuentecitas pequeñas con galletitas de leche y casabe tostado.

La leche de coco es opcional. Este ingrediente, si bien hace que las habichuelas con dulce queden espesas y con un sabor delicioso, también puede causar dolores estomacales e indigestión. Si tu digestión es lenta, te aconsejo usar solo leche de vaca.

© J. Cruz

Los españoles recibieron de los árabes los buñuelos de viento y felizmente los trajeron a nosotros.

Flotaban en una bellísima fuente honda de cristal que los mostraba con provocación. Quietos, los buñuelos coqueteaban sin prisa, seguros de que serían devorados. Semejantes a dorados aerolitos del más refinado gusto, flotaban en un almíbar perfumado por las canelas que los acompañaban.

Servidos fríos o a temperatura ambiente, los buñuelos de viento son un exquisito postre del origen más antiguo. Es muy fácil preparar este viejo y tradicional postre.

Buñuelos de viento
|12-15 buñuelos|

INGREDIENTES

Para el almíbar
2 libras de azúcar
2 tazas de agua
4 astillas de canela

Para los buñuelos
½ taza de aceite de maní
2 cucharaditas de sal
2 tazas de agua
2 tazas de harina cernida
1 cucharadita de azúcar
8 huevos
6 tazas de aceite para freír

PREPARACIÓN

Para hacer el almíbar, coloca en una ollita el azúcar con el agua y las astillas de canela, a fuego alto. Cuando comience a espesar, apaga y vierte el almíbar en la fuente en la que vas a poner los buñuelos.

En un caldero coloca la media taza de aceite, la sal y el agua. Cuando comience a hervir, baja el caldero del fuego y adiciona la harina ya con el azúcar de un solo golpe, mueve con rapidez hasta formar una masa.

Devuelve al fuego lento, siempre moviendo, y una vez la masa haya perdido su color blanco de leche retira del fuego, sigue moviendo hasta refrescarla.

Agrega los huevos, uno a uno, y mezcla bien. Deja reposar esta masa por una media hora.

Coloca las 6 tazas de aceite para freír en una olla o sartén grande y lleva a fuego alto. Una vez esté caliente, agrega cucharadas de la masa. Cuando los buñuelos empiecen a inflarse, baja el fuego de manera que solo se doren.

Ya listos, sácalos y escúrrelos con delicadeza sobre papel toalla. Coloca en el almíbar y guarda en la nevera.

Mi madre acostumbraba a celebrar su cumpleaños cada diciembre. Era una gran repostera y, entre otros dulces, solía preparar un villanuez para la ocasión. Es un delicioso bizcocho de origen español, que ella servía con café.

Días antes de la celebración desfilaban ante mis ojos los preparativos de la fiesta: se sacaban y se brillaban las copas y los cubiertos; se doblaban las servilletas y se colocaban pañitos primorosamente bordados en las bandejas.

Entre sus invitadas de iempre estaba Dora Campillo Pérez, una señora muy querida en el pueblo y muy respetada por sus virtudes, quien solía llegar de primera para rezar celestialmente, con voz dulce y plañidera, una hora santa. Cuando terminaba sus letanías venía una comilona donde doña Dorita era la mejor servida.

Recuerdo aún la abundancia de un vino dulce italiano, servido frío, y de picaderas dulces y saladas que hacían las delicias de todos los presentes.

Ésta es la receta del villanuez que guardo en mi memoria, desde esa maravillosa época temprana en casa de mis padres.

Villanuez

|15 porciones|

INGREDIENTES

1 barra de mantequilla

1 taza de azúcar

2 huevos

2 tazas de harina cernida

1 ½ cucharadita de polvo de hornear

¾ de cucharadita de nuez moscada rallada

1 taza de leche de coco (receta en página 38)

1 cucharadita de vainilla

2 tazas de pasas hidratadas (en página 48) y pasadas por harina

azúcar blanca para espolvorear

PREPARACIÓN

Acrema la mantequilla con el azúcar. Agrega los huevos uno a uno; luego los ingredientes secos ya mezclados (harina, polvo de hornear y nuez moscada), alternando con la leche de coco, la vainilla y las pasas.

Engrasa un molde redondo de agujero en el centro y coloca el preparado. Lleva al horno por 40 minutos a 350 grados. Deja enfriar y desmolda, espolvoreando con el azúcar.

Corta en pedazos y sirve con café.

Botellitas de azúcar rellenas con sirop

|12 porciones|

INGREDIENTES

4 libras de almidón tostado
  al fuego o al horno
1 vela de cera pequeña para
  dar forma al "molde"
1 libra de azúcar

1 taza de agua
¼ cucharadita de esencia de
  limón, menta o frambuesa
color vegetal

PREPARACIÓN

Coloca el almidón en un recipiente o molde cuadrado. Con la vela de punta haz huecos verticales o "moldes" en el almidón, que darán la forma a la botellita.

Mezcla el azúcar con el agua y pon a hervir hasta formar un almíbar grueso. Agrega el color y el sabor de tu preferencia: si el sabor es frambuesa agrega colorante rojo; si es melón, amarillo; si es almendra, blanco, y si es menta o limón, verde.

Con delicadeza echa un chorro fino en los huecos que hiciste en el almidón, llena hasta el borde y espolvorea con un poco de almidón. Deja enfriar y sácalos con mucho cuidado.

Puedes agregar un toque de licor al caramelo, si lo deseas.

Cada vez que repitas la receta puedes volver a usar el almidón para los moldes.

BOTELLITAS DULCES EN PULPERÍAS

Hacia los años cincuenta del siglo pasado, las pulperías de Santiago no soñaban siquiera en convertirse en colmados y, mucho menos, en colmadones. Recuerdo que cuando era niña vendían unas botellitas de azúcar en miniatura; eran unas delicias rellenas de un sirop con sabores de frutas y menta que se sorbían y se masticaban.

Yo las tomaba, más que comerlas, pegándolas a mi boca y sorbiendo un almíbar de sabores de frambuesa, de melocotón o de menta.

Aquellas botellitas de mi infancia eran una elaboración muy artesanal que formaba parte de la oferta más dulce del pueblo. En su célebre libro *La cocina dominicana*, doña Ligia de Bornia las salva del olvido. Esta receta se basa en la suya.

Es uno de los bizcochos riquísimos que hacía mi mamá.

El éxito de este bizcocho depende del cuidado y la delicadeza que pongas para lograr una masa esponjosa de gran textura. También resalta por el increíble baño de crema de coco con que se sirve.

Observa que esta receta no lleva mantequilla ni leche, lo que es parte del secreto para hacerlo esponjoso. Otras claves son que el batido de las claras de huevo debe ser constante y firme, y el movimiento envolvente del final debe realizarse con delicadeza, para mezclar masa y claras a punto de nieve.

Bizcocho esponjoso con crema de coco
|10 porciones|

INGREDIENTES

1 ½ tazas de harina
¼ cucharadita de sal
5 huevos, con las claras y yemas separadas
1 cucharadita de polvo de hornear
1 taza de agua menos una cucharada
1 ½ tazas de azúcar
½ cucharadita de vainilla
½ cucharadita de ralladura de limón verde
1 cucharada de jugo de limón

PREPARACIÓN

Calienta el horno a 325 grados F.

Cierne la harina antes de medir la taza y media que vas a utilizar. Agrega la sal y cierne otra vez. Reserva.

Bate las claras con el polvo de hornear a punto de nieve y reserva.

Bate las yemas hasta que se adquieran un color amarillo pálido. Agrega poco a poco el agua hasta que estén bien espumosas y sigue batiendo. Agrega el azúcar poco a poco sin dejar de batir.

Añade la vainilla, la ralladura y el jugo de limón, y mezcla bien.

Agrega la harina cernida con movimiento rápido y delicado.

Luego van las claras batidas a punto de nieve, que se echan con un movimiento envolvente.

En un molde de bizcocho de agujero al centro, que has engrasado y espolvoreado con harina para que no se pegue la mezcla, vierte el preparado y lleva al horno por una hora a 350 grados.

Introduce un cuchillo en el centro de tu preparado y si sale seco, apaga el horno y saca el bizcocho. Si no sale seco, deja por unos 5 minutos más.

Deja enfriar y desmolda con cuidado. Guarda en la nevera envuelto en papel encerado hasta servir con la rica crema de coco que te presento a continuación.

Crema de coco
|15 porciones|

INGREDIENTES

1 coco para sacar la leche
(receta en página 38)

3 cucharadas de agua

1 pedazo de lienzo fino
propio para estos fines
(algodón o lino)

3 tazas de leche

1 ¾ tazas de azúcar

1 astilla de canela

¼ cucharadita de sal

3 yemas de huevo

1 cucharada de maicena

1 cucharadita de vainilla

PREPARACIÓN

Ralla la masa del coco en un guayo y pon la ralladura humedecida con 3 cucharadas de agua en un paño fino, aprieta y cuela extrayendo la leche de coco. Reserva.

Pon al fuego la leche de vaca con el azúcar, la canela y la sal hasta que hierva. Deja a fuego muy bajo y reserva.

En un tazón aparte bate las yemas ligeramente, agrega la leche de coco y la maicena. Mezcla bien y cuela.

Retira la mezcla de leche y azúcar del fuego y agrega la mezcla de yemas, leche de coco y maicena. Mueve y cuela otra vez.

Entonces vierte en un recipiente que sirva para baño de María (un recipiente dentro de otro con agua que se pone al fuego), cuidando de que no hierva, hasta que espese.

Baja del fuego, deja que refresque y lleva a la nevera hasta el momento de servir por encima de tu bizcocho esponjoso.

Si quieres, puedes duplicar los ingredientes para que no te falte crema de coco.

El coco deberá estar medio seco para que puedas sacar mejor la leche.

Empanaditas rellenas de coco y guayaba

|24 empanaditas|

INGREDIENTES

1 barra de mantequilla
¼ taza de aceite
1 cucharada de azúcar
1 huevo
2 tazas de harina de trigo
1 cucharadita de polvo
   de hornear

1 pizca de sal
½ taza de agua fría
1 taza de dulce de coco rayado
1 taza de dulce de guayaba
   en pasta

PREPARACIÓN

Acrema o suaviza la mantequilla, agrega aceite, el azúcar y el huevo batido ligeramente.

Cierne la harina con el polvo de hornear y la sal; agrega a la mezcla anterior. Usando las manos, amasa, agrega el agua poco a poco, y sigue amasando.

Toma una cucharada de la mezcla y dale forma plana y redonda (puedes hacerlo con un plato pequeño) sobre una superficie enharinada parar que no se pegue.

Para rellenar pon una cucharadita de dulce de coco y de guayaba dentro del círculo y cierra doblando en dos, pegando bien la masa en los bordes. Puedes ayudarte pisando los bordes con un tenedor.

Espolvorea o engrasa la plancha o bandeja de hornear, pon las empanaditas. Hornea a 300 grados F por 25 minutos.

© J. Cruz

117

Hojaldre de almidón

|24 unidades|

Sin ninguna duda este dulcito es uno de los más antiguos que podamos encontrar en la repostería del país. Se prepara con poquísimos ingredientes, para lograr una textura suave a la vez que crocante.

INGREDIENTES

4 tazas de almidón de yuca

½ taza de harina cernida

3 cucharaditas de polvo de hornear

¾ cucharadita sal

½ cucharadita canela en polvo

¼ cucharadita de nuez moscada

½ barra de mantequilla

1 taza de azúcar

½ cucharadita de ralladura de limón

⅓ taza de aceite

2 huevos

PREPARACIÓN

Mezcla el almidón, la harina, el polvo de hornear, la sal, la canela y la nuez moscada. Aparte acrema la mantequilla, añade el azúcar y la ralladura de limón. Une a los ingredientes secos y amasa con tus manos. Si notas que la masa está muy seca, puedes agregar dos cuchadas de leche y unir bien.

Luego sobre una mesa cubierta con harina haz rollitos de ½ x 1 pulgada de largo, y con el mango de un tenedor o cuchara haz hendiduras en los extremos.

Engrasa una plancha que pueda ir al horno, coloca los rollitos y hornea a 325 grados F por 25 minutos.

© J. Cruz

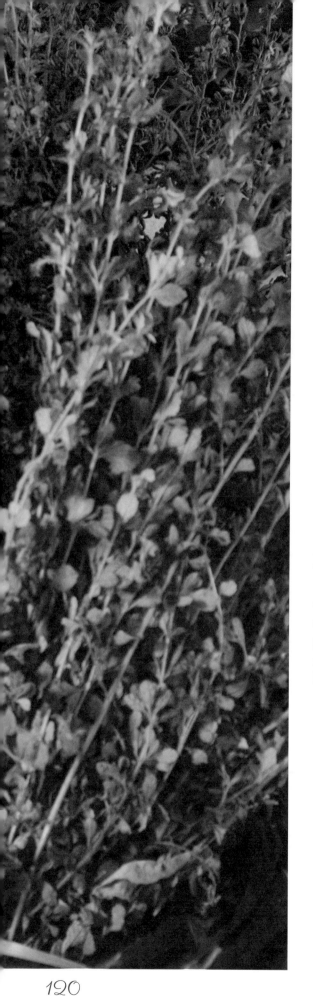

La cocina del Sur

En el Sur, cuando las sombras de las guasábaras sobrecogen de belleza la silueta de las noches, la oscuridad guarda con celo la aridez de los montes y la resequedad del suelo. La brisa trae un fuerte olor a orégano que invade la zona. Allí crece silvestre esta hierba aromática, y a los chivos les encanta. Bien cierto es que en el Sur se dice que la carne de chivo viene ya con sabor a orégano.

Cuando cae el sol en el sur de la isla se encienden los fogones de leña para elaborar un sancocho que llevará como ingrediente principal el chivo y el sabor del orégano, ese sabor que da gusto a la comida de la región.

Es parte de la cultura de los sureños el consumir carne fresca de chivo, animal que crían para este fin. Ponen especial cuidado en el modo de sacrificarlo para que no adquiera humores poco gratos, lo secan con técnicas muy antiguas, luego lo lavan y marinan con naranjas agrias, adobándolo con orégano fresco y otras hierbas.

Chenchén

|4 porciones|

INGREDIENTES

2 tazas de agua

1 cucharadita de sal

1 ½ cucharadas de aceite

2 tazas de harina de maíz extra gruesa

1 barra de mantequilla

PREPARACIÓN

Pon a hervir el agua en una olla con la sal y el aceite.

Agrega la harina luego de lavarla y exprimirla. Debes usar el fuego moderado.

Una vez que esté hirviendo, mueve constantemente. Baja el fuego y no muevas más. Voltéalo y deja otro ratito. Retira del fuego y deja refrescar, para luego servir.

DE ORIGEN HAITIANO

De herencia haitiana ancestral, en este plato la harina se presenta guisada. Hay quien lo considera una comida imprescindible para servir con chivo guisado y picante.

El chenchén y el chacá no deben desaparecer; son parte de la cultura astronómica del país y, aparte de ser de fácil confección, son también sumamente económicos.

Sancocho de chivo tierno

|15 porciones|

Para que el sancocho de chivo tierno te quede rico, debes comprar la carne de chivo fresca, de un animal joven y limpio cuya carne sea rosada y firme. El toque de jugo de naranja agria es imprescindible para lograr un plato sabroso e inolvidable.

INGREDIENTES

5 libras de carne de chivo fresco

4 cucharadas de orégano fresco

2 cucharadas de sal

3 cebollas cortadas

10 dientes de ajo

4 cucharadas soperas de jugo de naranja agria

4 plátanos

1 libra de yuca

1 libra de mapuey

1 libra de ñame

1 libra de auyama

4 cucharadas soperas de aceite

24 tazas de agua

3 cucharadas de vinagre

picante al gusto (puede ser tabasco)

PREPARACIÓN

Corta la carne en trozos iguales, lávalos y sécalos para proceder a sazonarlos con el orégano, la sal, la cebolla, el ajo y el agrio de naranja.

Pela y pica las viandas en pedazos pequeños, tamaño de mordida.

En una olla de mucha capacidad pon el aceite y sofríe la carne sazonada. Luego añade una taza de agua y baja el fuego. Una vez esté cocida la carne, agrega el resto del agua y los víveres, primero los plátanos y la yuca, que necesitan más tiempo para ablandarse, y pasados 10 minutos sigue con el ñame, el mapuey y la auyama. Deja cocer a fuego bajo y echa las cucharadas de vinagre.

Prueba y rectifica el punto de sal y los sabores, y agrega el picante de tu gusto.

Deja refrescar. Si lo deseas, puedes servirlo con picante adicional en la mesa. Acompaña con arroz blanco, casabe tostado y aguacate.

Chivo guisado sureño

|12 porciones|

INGREDIENTES

8 libras de chivo fresco

4 naranjas agrias

2 tazas de ron

2 cucharadas de sal

1 ramo de puerro

1 libra de cebolla

5 dientes de ajo machacados

2 cucharadas de vinagre

1 ají verde grande

4 hojas de laurel

4 cucharaditas de orégano
   fresco

25 aceitunas

1 cucharada de alcaparras

1 taza de aceite de maní

1 taza de pasta de tomate

picante al gusto

PREPARACIÓN

Lava bien la carne, corta en trozos pequeños y seca bien.

Agrega el jugo de las naranjas agrias y el ron. Sazona con sal, puerro, cebolla, ajo, vinagre, ají verde, laurel ligeramente estrujado, orégano, aceitunas y alcaparras, todo picadito.

En una sartén de fondo grueso echa el aceite y cuando esté caliente, pon la carne de chivo debidamente adobada con la pasta de tomate disuelta en un poco de agua. Ten en cuenta que esta carne contiene mucha agua, por lo que debes dejarla secar bien antes de agregar los sazones.

Cocina a fuego bajo.

Te recomiendo servirlo con arroz blanco, ensalada de aguacate y tostones.

Para preparar esta receta de chivo sureño debes saber que la carne de chivo es muy delicada. Te recomiendo preguntar si es de un animal joven, entonces la carne tiene un color rosado y luce fresca. Hay que tratarla con mucha atención: lávala bien con naranjas agrias y mucha agua clara, sécala y sazónala el día anterior a su cocción.

Bollitos de yuca

|20 bollitos|

La yuca es un alimento que ha sido y sigue siendo fundamental en la alimentación del dominicano. La encontramos desde la dieta de los taínos y al día de hoy es un fruto de la tierra que a todos nos gusta.

Se presta para prepararla de muchas formas, y eso la hace más apetitosa todavía: la yuca hervida con un sofrito de cebolla por encima es exquisita; la yuca frita, un puré de yuca relleno de queso, unas arepitas, arañitas o bollitos son siempre muy bien recibidos.

INGREDIENTES

3 libras de yuca
1 cucharada de sal
1 barra de mantequilla
3 cucharadas de harina
1 ½ libras de queso cheddar
   cortado en cuadritos

3 tazas de aceite de maní para
   freír
harina para untar las manos y
   darle forma a los bollitos

PREPARACIÓN

Hierve la yuca con la sal, y cuando este blanda sácala caliente y machácala con un tenedor. Añade la mantequilla y las 3 cucharadas de harina.

Unta tus manos con harina y coloca una cucharada del puré de yuca en la palma; haz una bola y ahuécala para poner unos trocitos de queso cheddar en el centro. Termina de formar la bola y procede a freír.

En una sartén grande coloca el aceite a calentar. Cuando ya esté caliente echa uno a uno los bollitos de yuca y dóralos con delicadeza. Saca y ponlos a escurrir sobre papel absorbente.

También puedes rellenar los bollitos de carne molida o cangrejo. Los sirves en una canastita con servilleta, como complemento de cualquier menú.

© M. Hernández

Buche de perico

|10 porciones|

INGREDIENTES

12 mazorcas de maíz tierno

8 tazas de agua

1 libra de longaniza

1 libra de costillitas ahumadas
   de cerdo

4 cucharadas de aceite de oliva
cebolla

2 dientes de ajo

2 hojas de cilantro ancho

¼ de taza de cilantrico

1 ají verde

1 cucharadita de sal

1 cucharadita de orégano

2 tomates rojos y firmes

1 libra de auyama

2 cucharadas de agrio de
   naranja

PREPARACIÓN

Corta los granos de maíz de las mazorcas con ayuda de un cuchillo afilado, y pon a hervir en el agua. Cuando estén blandos retira del agua.

Corta en trozos pequeños la longaniza y la costillitas ahumadas. En un caldero de fondo grueso pon las cuatro cucharadas de aceite de oliva y fríe ambas carnes. Pica y agrega la cebolla, el ajo, los cilantros y el ají. Espolvorea luego la sal, el orégano y los tomates cortados en trozos. Deja por unos 10 minutos y mueve con delicadeza.

Cuando las carnes estén cocidas, blandas y doraditas, mezcla con el maíz. Después parte la auyama en cuadritos pequeños y agrega al preparado. Mueve bien y deja que suelten los sabores.

Por último, adiciona el agrio de naranja. Deja un rato más a fuego bajo.

Recomiendo servirlo con arroz blanco y aguacates.

© J. Cruz

Una de las formas de consumir el maíz en la región del Sur, especialmente en San Juan de la Maguana y en los pueblos fronterizos, es prepararlo con leche y azúcar.

Sin embargo, a medida que República Dominicana ha ido evolucionando y cambiando sus hábitos alimenticios, este plato, al igual que el chenchén, ha ido quedando un tanto desplazado.

El chacá usualmente se prepara en los días de la Cuaresma. Como es un dulce de temporada, hay quienes gustan de comerlo en lugar de las habichuelas con dulce.

Chacá

|10 porciones|

INGREDIENTES

1 libra de maíz machacado
9 tazas de agua
4 tazas de leche
3 tazas de leche de coco
2 tazas de azúcar

1 cucharadita de sal
2 astillas de canela
8 clavos de olor
1 cucharada de mantequilla
1 caja pequeña de pasas

PREPARACIÓN

Pon a ablandar el maíz triturado en cinco tazas agua por dos horas, luego escurre y bota esa agua.

En un caldero de fondo grueso pon tu maíz que vas a suavizar con las tazas de leche de vaca y de coco, y las tazas de agua restantes. Con una cuchara de madera mezcla suavemente y lleva al fuego sin dejar de mover, hasta que hierva a fuego bajo.

Baja del fuego y agrega el azúcar, la sal, la canela y los clavos de olor. Sigue moviendo despacio con la cuchara de madera. Vuelve a llevar al fuego, cuidando que sea bajo. Por último, saca los clavos y la canela, agrega la cucharada de mantequilla y las pasas. Deja hervir por cinco minutos más, siempre moviendo a fuego medio. La consistencia final debe ser cremosa.

© M. Hernández

La cocina del Este

En la región Este del país hay grandes extensiones de tierras cultivadas de pastos que alimentan esa vasta región ganadera. Los caminos de cercas y javillas y piñones florecidos separan los corrales repletos con ganado de engorde de cotizadas razas, que plácidamente pacen y se echan a rumiar a la sombra de un caimito o de los grandes árboles de la región.

Como es de esperar, la riqueza culinaria del Este luminoso está en los asados, en las carnes al carbón, en los churrascos y parrilladas, en los pescados y los frutos del mar. Mientras los deliciosos dulces de leche artesanales y las cosechas de naranjas ponen su dulzura a la hora de los postres.

El buen manejo de las carnes precisa algo de conocimiento, el cual se adquiere con la práctica. El manejo del fuego es muy importante para conservar la calidad de la carne: para que una carne asada quede blanda y jugosa hay que ponerla primero a fuego alto en una parrilla caliente, de esta manera se sella para que no se le salgan los jugos. Luego se continúa su cocción a fuego bajo o mediano.

También hay que engrasar la parrilla con aceite de cocinar para que la carne no se pegue.

Los pescados y frutos de mar abundan, presentados preferiblemente en parrilladas donde encontramos colas de langosta, cangrejos, camarones y variedades de langostinos, con otros frutos del mar, como excelentes chillos. También abundan los pastelones, tiernos guineítos y yucas hervidas que se sirven para acompañar los asados.

Los dulces de la Virgen

La región Este sobresale también por el constante peregrinaje a la Basílica de Nuestra Señora de la Altagracia, en Higüey. Miles de personas visitan el santuario cada año, y después de hacer sus votos a la Virgen de los dominicanos, se detienen en los puestos de dulces ubicados en las cercanías, en las aceras del entorno. En ellos encontrarán una variedad de dulces de leche sola o rellenos con mermeladas de frutas, o dulces de frutas cristalizadas y en almíbar, que los moverán a comprar y llevar estas delicias a sus amigos y familiares, como testimonio de su paso por allí.

Chuletas de cerdo a la parrilla

|14 porciones|

INGREDIENTES

4 libras de chuletas frescas
6 limones verdes para exprimir
4 cucharaditas de sal
1 cucharadita de orégano
  en polvo
pimienta al gusto

Para la de vinagreta

¼ taza de vinagre blanco
1 cebolla grande cortada en
  cuadritos
2 ruedas de piña cortadas en
  cuadritos
1 ají verde cortado en cuadritos
1 cucharadita de sal
2 cucharaditas de mostaza
1 cucharada de azúcar

PREPARACIÓN

Lava y limpia de grasa tus chuletas. Ponlas en el jugo de limón con la sal, el orégano y la pimienta, y deja reposar por dos horas.

Coloca las chuletas sazonadas en la parrilla engrasada al fuego y voltéalas cuando hayan dorado de ese lado, bañándolas con restos de sazón. Cuida que queden tiernas pero cocidas.

Adereza con una rica salsa de vinagreta que harás mezclando los ingredientes picados con el vinagre, la sal, mostaza y el azúcar.

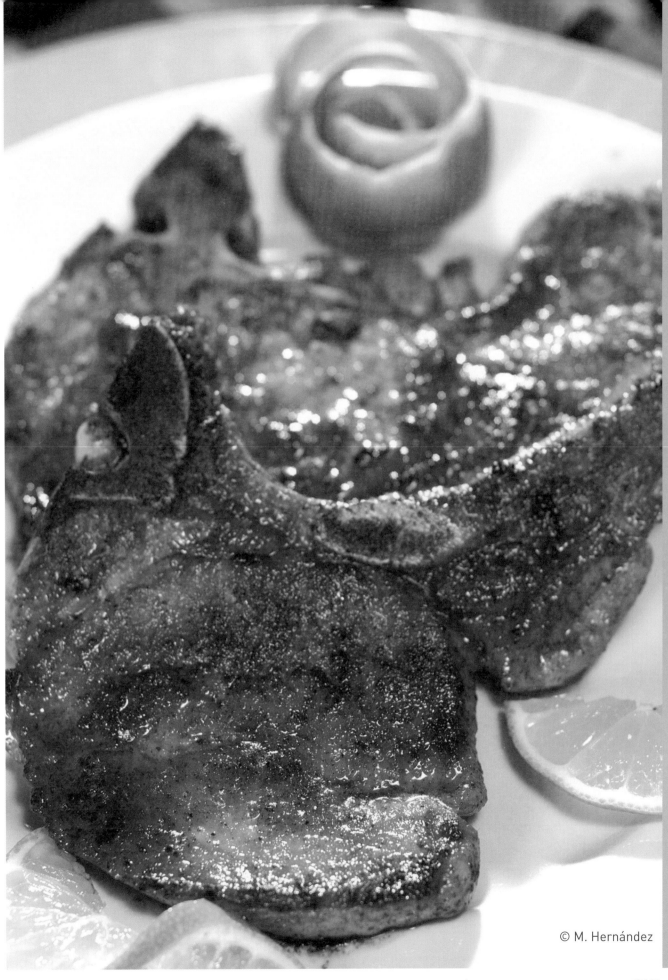

© M. Hernández

Carne mechada

|12 porciones|

INGREDIENTES

1 bola de res de 3-4 libras

1 cebolla grande

4 dientes de ajo

½ cucharadita de orégano en polvo

1 cucharada de vinagre

1 cucharada de salsa inglesa

¼ de libra de jamón crudo

¼ de libra de tocineta picadita

2 zanahorias medianas hervidas

1 ají verde

¼ taza de aceite de oliva extra virgen

4 cucharadas de pasta de tomate

3-4 tazas de agua

12 aceitunas sin hueso

1 cucharada de alcaparritas

1 ramito de perejil

¼ de cucharadita de pimienta

PREPARACIÓN

Limpia la bola de carne y hazle cortes profundos sin quitarle la forma. Sazona con media cebolla, ajo y orégano, todo machacado, y el vinagre y la salsa inglesa.

Luego toma el jamón, la tocineta, las zanahorias ya hervidas, la otra mitad de la cebolla y el ají, y pica todo chiquitito. Con delicadeza rellena los huecos de la carne. Deja reposar.

En un caldero de fondo grueso pon el aceite y cuando esté caliente, dora la carne entera dándole vuelta. Agrega la pasta de tomate disuelta en 2 tazas del agua. Tapa y deja cocinar a fuego lento por una hora.

Siempre cociendo a fuego lento, agrega las otras 2 tazas de agua. Adiciona el resto de los ingredientes: aceitunas, alcaparritas, perejil y pimienta. Procura destapar poco pues la bola necesita ablandar. Deja cocer hasta que la carne esté blanda y con un agradable color dorado.

Luego que enfríe, corta en ruedas con un cuchillo afilado y sirve con la salsa que resta de la cocción de la carne.

Si quieres rendir la salsa, toma del caldero los restos de la cocción, añade 1 taza de agua, 2 cucharadas de aceite verde, 2 cucharadas de salsa inglesa y, si deseas, ½ taza de vino tinto, y mezcla. Para espesar, añade 1 cucharada de maicena, lleva a fuego lento moviendo suavemente y rectifica los sabores.

Carne fría a la vinagreta

|12 porciones|

INGREDIENTES

Para la vinagreta

2 pepinillos encurtidos

4 cebollitas de encurtido

6 pedacitos de brócoli

1 zanahoria hervida

1 tallo de apio

1 cebolla grande

1 tallo de puerro chino

1 taza de aceite de oliva

½ taza de vinagre blanco

1 limón fresco

1 ramita de perejil

1 hoja de albahaca

2 cucharaditas de sal o sal a gusto

PREPARACIÓN

Esta es casi la misma carne mechada con alguna variante y conservada fría. Solo tienes que sazonar la carne, sin los rellenos y sin la pasta de tomate, y pon al fuego a ablandar.

Cuando haya ablandado y enfriado, córtala en ruedas y coloca en un pirex rectangular.

Para hacer la vinagreta, pica todos los ingredientes a la brunoise (en cuadritos o dados) y mezcla con el aceite, el vinagre y el limón, moviendo bien. Añade el perejil, la albahaca y la sal.

Cubre la carne con esta vinagreta y lleva a la nevera.

Esta carne puede durar muchos días en la nevera, de manera que puedes preparar sándwiches con ella, comerla en ensaladas o como un refrigerio a media mañana o a media tarde.

ASADOS A PUNTO

Existe en La Romana una gran cultura de comer buena carne, cortes de primera. Una forma de comerlas es hacer el solomo o filete marinado en salmuera para colocarlo con delicadeza sobre una parrilla. Se embadurna con una mezcla de mantequilla, ajo y aceite de oliva, que se sigue aplicando mientras dure el asado.

La carne asada se cocina al punto del gusto de los comensales. Si te gusta bien cocina, se pide *well done* (bien hecha); si te gusta roja, se indica *red* o vuelta y vuelta; si te gusta término medio, se pide *medium red* o tres cuartos.

Solomillo de res
|6-8 porciones|

INGREDIENTES

1 solomillo de 3 a 4 libras

8 tazas de agua fría de nevera

3 cucharadas de sal

1 cabeza de ajo machacada

3 cucharadas de aceite de oliva

3 dientes de ajo machacado

1 ½ cucharaditas de pimienta

3 cucharadas de salsa inglesa

PREPARACIÓN

Limpia de adherencias tu solomillo y sin cortarlo procede a sumergirlo en la salmuera (agua saturada de sal y ajo) dejándolo por unas 4 horas. Al cabo de este tiempo saca el filete, sécalo y procede a sazonarlo con el resto de los ingredientes: ajo, pimienta y salsa inglesa.

Prepara tu fuego de la parrilla. Pon la pieza de carne a sellar a fuego alto para que no bote sus jugos, y después deja a fuego moderado. Utiliza una brocha para barnizar la carne con el sobrante de la marinada, mientras esté al fuego.

Cuando esté listo, corta el filete en ruedas y sirve caliente con vegetales a la parilla.

© J. Cruz

Pastelón de plátano maduro relleno

|18 porciones|

INGREDIENTES

10 plátanos amarillos y firmes
½ barra de mantequilla
3 cucharadas de sal

Para el relleno

1 libra de carne molida
3 cucharadas de aceite
6 tomates Barceló sin piel
1 cebolla
3 dientes de ajo

1 cucharadita de vinagre
2 cucharaditas de sal
¼ cucharadita de pimienta
   en polvo
2 hojas de laurel
8 malaguetas
½ taza de aceitunas sin hueso
8 hojas de albahaca
2 cucharadas de salsa inglesa
2 cucharadas de agua

PREPARACIÓN

Ralla los plátanos maduros y agrega la mantequilla y la sal. Haz un puré con un tenedor y reserva.

Pica los tomates, cebolla y machaca el ajo. Agrega el sazón picado a la carne, junto con el vinagre, la sal, la pimienta, el laurel, las malaguetas y las aceitunas picadas.

En una sartén a fuego alto cocina la carne molida con el aceite, baja el fuego cuando la carne comience a blanquear.

Cocina a fuego moderado y, de último, agrega las hojas de albahaca para perfumar el plato.

Añade las cucharadas de salsa inglesa y de agua para enriquecer más tu relleno.

Deja 5 minutos más y apea del fuego, moviendo bien el sartén, y deja reposar para que refresque. Retira las malaguetas, las hojas de laurel y la albahaca.

Engrasa un pirex grande de forma rectangular, coloca la mitad del puré de plátano amarillo y nivela bien; coloca el relleno y una segunda capa de puré de plátano. Lleva a un horno ya caliente a 350 grados por 35 a 40 minutos.

© J. Cruz

Cangrejos guisados

|8 porciones|

Esta receta conlleva cierto conocimiento o experiencia en el manejo de los cangrejos. Si compras cangrejos vivos —recomiendo unos 12—, ponlos a hervir con bastante agua en un caldero grande y hondo, con 5 cucharadas colmadas de sal y 15 hojas de laurel, por aproximadamente una hora.

Baja del fuego y pásalos por agua fría. Saca la masa de los cangrejos con delicadeza y no rompas los caparazones, que debes reservar vacíos y lavados.

Si compras la masa de cangrejo en el supermercado tu trabajo será más fácil.

Venden carapachos de cangrejo y caracoles en tiendas especializadas en productos de cocina. Si no los encuentras, sirve en platitos hondos individuales o en cualquier envase para llevar a la mesa.

INGREDIENTES

- 2 cebollas grandes
- 1 libra de tomates rojos y maduros
- 2 ajíes verdes
- 1 taza de aceitunas
- 6 dientes de ajo
- 4 cucharaditas de aceite
- ½ taza de agua
- 6 cucharadas de salsa de tomate
- 2 hojas de cilantro ancho
- 2 ramas de perejil
- 2 cucharadas de alcaparras
- 1 cucharadita de pimienta
- 2 ½ cucharaditas de sal
- 2 libras de masa de cangrejo
- picante al gusto

PREPARACIÓN

Pica la cebolla, los tomates, los ajíes, las aceitunas, y machaca el ajo. En un caldero pon el aceite al fuego y sofríe estos sazones, deja unos 3 minutos.

Agrega la media taza de agua, la salsa de tomate y el resto de los ingredientes (cilantro, perejil, alcaparras, pimienta, sal) más la masa de cangrejo. Deja hasta que comience a hervir, entonces baja el fuego y deja por 20 minutos más.

Quita del fuego y refresca; luego rellena los carapachos con el guiso de cangrejos.

Los carapachos rellenos se gratinan: unos lo hacen cubriendo con huevos batidos ligeramente y un toque de sal; otros, entre los que me incluyo, con pan rallado y una ligera llovizna de queso parmesano por encima. Lleva al horno caliente por unos minutos y ¡a comer sabroso!

Siempre es posible comer el guiso de cangrejo con guineítos verdes sancochados y aguacate.

Lactomarol

|14 porciones|

INGREDIENTES

2 tazas de puré de batata

4 tazas de leche

4 tazas de azúcar

2 cocos para sacar la leche con
   2 tazas de agua tibia

4 yemas de huevo

2 cucharadas de azúcar
   (adicionales)

2 cucharadas de leche
   (adicionales)

½ cucharadita de ralladura
   de limón

PREPARACIÓN

Mezcla el puré de batata con las 4 tazas de leche, el azúcar y la leche de coco.

En una olla de fondo grueso, pon a hervir a fuego alto y mueve con una cuchara de madera. Baja del fuego cuando empiece a cuajar.

Bate las yemas de huevo con las cucharadas adicionales de azúcar, las cucharadas de leche y la ralladura de limón.

Añade con vigor a la mezcla anterior y mueve constantemente. Lleva a fuego lento por 5-6 minutos para cocinar las yemas de huevo.

Usa moldes enmantequillados ligeramente para darle la forma que quieras.

El secreto para lograr un dulce de suave textura está en la manera como lo batas a partir de su cuajada: debes hacerlo con energía y sin parar hasta que des por finalizado el proceso.

EL SECRETO DEL MEJOR DULCE

Cuando se preguntaba cuál era el mejor dulce de leche de Higüey, todos los dedos señalaban hacia la casa de Luisa Pión, esposa de Guillermo Alfau Pumarol.

Ella tenía una vitrina en la sala de su casa repleta de tablas de dulces de leche, rellenos de mermelada, y además había un dulce de leche, el lactomarol, que preparaba cada amanecer. Luisa callaba y sonreía con expresión misteriosa cuando alguien osaba preguntarle cómo los hacía.

Aunque su receta es guardada con celo por generaciones, les ofrezco una de sabor muy delicado, elaborada a base de puré de batata y leche de coco.

© J. Cruz

Casquitos de guayaba

|15 porciones|

INGREDIENTES

3 libras de guayabas peladas
(amarillas por fuera y rojas
por dentro)

5 tazas de agua para hervir
3 tazas de azúcar
2 astillas de canela

PREPARACIÓN

Pon a hervir las guayabas partidas a la mitad, ya limpias de semillas. Deja hervir por 20 minutos. Agrega el azúcar y la canela, pasando a hervir de nuevo, y mantén el fuego bajo.

Una vez se espese el almíbar retira del fuego, sin mover, y deja enfriar. El almíbar debe quedar ligero. Lleva a la nevera y sirve con queso blanco crema.

147

Tesoros de mi país

Carlos Estrella, el dueño de la tienda Cosas de mi País, es un devoto conservador de nuestras tradiciones culinarias. Recorre incansablemente montañas y montes, caminos y valles hasta llegar a donde le han dicho que hacen todavía recetas viejas y propias de la más auténtica cocina dominicana.

Apuesto a que si alguien le llega a mencionar que en tal rincón del Sur profundo una viejita prepara un chivo riquísimo, allí se iría mi amigo Carlos. Proporcionaría los ingredientes y materiales para que la doña cocine y luego le compraría el plato preparado para ofrecerlo en su tienda.

En su tienda en medio de la ciudad capital sigue vendiendo casabe de burén de Imbert y Bajabonico, chivo de San Juan de la Maguana o los casi extintos panecicos de yuca, de San José de las Matas, que llegan algunos días.

También los más ricos dulces acabaditos de traer: las increíbles jaleas de batata de Bonao, con los caramelos y pilones tan dulces, los jalaos, el dulce de coco y piña y el concón de leche.

Desde Baní, el famoso dulce de coco tierno, dulces de leche rellenos, delicias de naranjas rellenas, y los roquetes de San Cristóbal; de Moca, las galletas de jengibre con suspiro de colores, así como su refresco Imperio, su famoso jugo de guayaba, caramelos de guayaba, sus turrones, su dulce de leche cortada, las peculiares galletas mocanas y las raspaduras de leche envueltas en yagua.

Desde Loma de Cabrera, trae propóleo, jaleas y polen de sus abejas; gofio y mabí del Seibo; el dulce mala rabia de plátano maduro y batata, las natillas y roquetes del Santo Cerro; los higos rellenos de dulce de leche de Baní y San José de Ocoa.

Su interés en que no desaparezcan esos pequeños tesoros de la gastronomía dominicana hará que un día su tesonero trabajo será reconocido.

Extranjeros aplatanados, chefs visionarios y nuestro sabor

Los grupos migratorios que llegaron al país realizaron aportes que enriquecieron la gastronomía dominicana. Hoy en día la comida china y la árabe son parte imprescindible de nuestros hábitos alimenticios, incluso han adquirido un toque criollo al asimilarlas; es el caso del chop suey y chow fan, platos orientales a base de vegetales y arroz que han calado en el gusto de los dominicanos.

La comida árabe también está presente en nuestra mesa y basta mencionar el tipile, el quipe y los ajíes rellenos de carne.

La comida italiana preparada a la dominicana con salsa de tomates rojos, ajíes verdes, cebolla, aceitunas, alcaparras y pedacitos de salchichón se hace presente con los famosos espaguetis rojos que se acostumbra llevar en las giras y paseos a la playa y al río.

No se pueden quedar fuera las diversas franquicias de comida norteamericana que amplían la oferta a la hora de comer.

Hoy en día nos reinventamos con la ayuda de los amantes de la comida, y los chefs académicos, que nos fascinan con la tecnología aplicada a la comida, la gastronomía molecular, en la cual someten los alimentos a procesos como el batido, la gelificación y el aumento de la viscosidad. Estas revolucionarias técnicas más la selección de ingredientes y las mezclas que hacen con ellos introducen nuevas formas, texturas y sabores a la comida.

Vemos tragos humeantes de nitrógeno con sabor a mango o un sabroso mojito como un sorbo de nube con sabor a ron y hierbabuena.

La alimentación y su relación con el arte y la ciencia, la elección y preparación de buenas comidas, han sido a lo largo de la historia de la humanidad asuntos importantes.

Pero el sabor de lo nuestro, ese sabor que entre bocado y bocado narra nuestra historia de la manera más sabrosa y contundente, seguirá hermanándonos, no importa dónde nos encontremos.

Las claves del sabor

- **Ají caribe.** Es sumamente picante, y se utiliza en carnes y sancochos.
- **Ají gustoso.** Se adiciona en caldos y carnes. Como su nombre lo indica, tiene mucho sabor nativo.
- **Bouquet garní.** Es la forma en que la cocina francesa suele usar las verduras y hierbas frescas. Se amarran como un atadito con un cordel de cocina y se agregan a potajes, carnes y sopas, donde sueltan su sabor. Luego se retiran del plato.
- **Cilantrico.** Ramajes de pequeñas y frágiles hojas de fuerte olor y sabor; sella el gusto en nuestras comidas criollas.
- **Cilantro ancho o sabanero.** Es una hierba corta, ancha y plana, de bordes dentados y un fragante sabor. Se emplea en caldos y carnes.
- **Finas hierbas.** Es la mezcla de hierbas aromáticas picadas, para mezclar con mantequilla, o en un atado, para un cocido o estofado, que luego se retira. Selen ser perejil, cilantro, albahaca, estragón y eneldo.
- **Hierbabuena.** Una rama de hojas un tanto ásperas que despiden un delicioso sabor a menta y un aroma sumamente agradable. Se utiliza en ensaladas, caldos y carnes.
- **Laurel.** Es una hoja de un sabor fuerte y mentolado que enriquece las comidas. Se seca y se estruja antes de agregarla a las carnes y sopas, para luego retirarla.
- **Leche de coco.** Es el extracto de la leche de la masa del coco. Se usa en cremas dulces y saladas que sirven de base en pescados, arroces y legumbres.
- **Limón agrio.** Es bueno para aderezar y curar carne de cerdo, pescados y ensaladas.

- **Naranja agria.** Usada en lugar del vinagre en los platos de caldos, granos, carnes saladas y locrios.
- **Orégano.** Es una hierba de olor y sabor fuerte utilizada para condimentar el sancocho, los locrios y la carne de res guisada. Los residentes de la región Sur la prefieren para adobar sus chivos. Es muy utilizado en todo el continente americano, en su forma seca y reducido a polvo.
- **Orégano disten.** Es una variedad del orégano, más suave que el regular. Debe consumirse fresco.
- **Pimienta.** Fruto que se muele, de sabor picante; las más conocidas son la negra, la blanca y la verde; la blanca es más suave que la negra. Se utiliza en carnes y legumbres guisadas.
- **Pimienta de Cayena,** roja o pimentón. Debe su nombre a la ciudad de Cayena en la Guyana francesa. Es el polvo molido de los frutos secos de varias especies de ajíes o chiles picantes.
- **Puerro.** Es una hierba para condimentar de fácil cosecha. Los puerros son largos, ahuecados y frágiles, y despiden un fuerte olor parecido al de la cebolla. Son muy utilizados en sancochos, sopas y ensaladas.

Una lista de las claves del sabor de la cocina dominicana no estaría completa sin incluir el apio, la albahaca, el pimentón dulce, el ajo, la cebolla, el tomate con el ají verde y los pimientos dulces; las alcaparras, las aceitunas, la canela, el clavo de olor y la nuez moscada; la malagueta, la sal, la menta y la mostaza; el cebollín, el estragón, el tomillo, el cilantro ancho, el romero y el perejil.

Técnicas de cocina

- **Acaramelar.** Bañar el plato en un almíbar espeso o caramelo.
- **Aderezar.** Condimentar los alimentos con hierbas aromáticas, especias, jugo de limón, aceite o vinagre. Se aderezan las ensaladas.
- **Adobar.** Sazonar (abajo).
- **Baño de María.** En esta cocción se sumerge un recipiente, con el alimento a cocinar, en otro más grande con agua hirviendo. Se usa en la preparación de salsas, o para calentar estas y cremas, especialmente las que llevan huevo (como la salsa holandesa, la bearnesa, la pasta choux), y su propósito es evitar que el preparado alcance el punto de ebullición. El baño de María se puede poner al fuego o al horno.
- **Brunoise.** Es una forma de cortar las verduras en pequeños dados de unos 2 cm de lado, para usar en salsas, aderezos, rellenos, sopas. Casi todos los vegetales y verduras pueden cortarse de esta manera. cebollas, ajo, pimientos, pepinos, papas, zanahorias. La famosa sopa italiana Minestrone se distingue por sus vegetales a la brunoise.
- **Caramelizar.** Es la acción de convertir el azúcar en caramelo, calentándola a altas temperaturas. Se emplea para cubrir moldes para flanes, pasteles y pudines.
- **Espesar.** Proceso para hacer más denso, espeso, un líquido, a través del calor y añadirle un espesante que puede ser fécula, yemas de huevo o gelatina sin sabor.
- **Flamear.** Antiguamente se pasaba un ave recién desplumada por encima de la llama del fuego para ayudar a quemarle el plumón y retirar los restos de plumas. Ahora se refiere a calentar y prender fuego a un licor seco (brandy o coñac) para derramarlo sobre un plato que se sirve con la flama todavía ardiendo. El

famoso crepe suzette de la cocina francesa puede servirse envuelto en una llamarada azul.

- **Fricasé.** De la palabra francesa "fricassée", que significa guisar, se refiere a la preparación de aves y carnes, como el cerdo, que primero se saltean y luego se cocinan en una salsa espesa y abundante.
- **Juliana.** Es la manera de cortar las verduras y los vegetales en forma de tiras alargadas y muy finas, colocando el cuchillo en diagonal con respecto al vegetal. La técnica es muy usada y viene de muy antiguo.
- **Macerar.** Poner una carne en líquidos —agua, aceite, jugo de limón, vinagre, caldos fríos o vino— con la finalidad de hacerlas más tiernas y blandas, a la vez que se les da sabor antes de cocerlas.
- **Marinar.** Es una clase de adobo en que se maceran ciertos alimentos, especialmente carnes, antes de cocinarse. Se prepara con sazones líquidos y estas hierbas y especies: tomillo, laurel, perejil, cebolla, ajo, pimienta, clavos, malagueta. La pieza se deja de 2 a 48 horas en maceración, según su tamaño. Estos ingredientes pueden mezclarse crudos o cocinarse antes de sumergir en ella el alimento en cuestión.
- **Salmuera.** Agua abundante con mucha sal, usada para marinar, impregnar de sabor y conservar los alimentos. Al cocinarlos quedan crocantes y con sabor exquisito.
- **Saltear.** Cocer a fuego vivo con aceite, grasas o mantequilla, alimentos como carnes, pescados y aves. Este procedimiento busca formar una capa exterior dorada que selle e impida salir los jugos y sustancias nutritivas del alimento.
- **Sazonar.** Aplicar hierbas aromáticas, ajo, cebolla, verduras, salsas, vinos, a los alimentos como aves, carnes y pescados, para resaltar los sabores y diferenciar las comidas.

EL FUEGO

El éxito de nuestras comidas depende del conocimiento del fuego. Hay que conocer qué es un horno bien caliente, a 400 o 500 grados F.

Se acostumbra a usar el horno calentándolo antes de colocar el alimento y luego se baja a 300 o 350 grados para hornear según indique la receta.

Para los platos cocinados sobre la hornilla, como el arroz, primero el fuego se pone alto hasta que consuma el agua, luego se mantiene de mediano a bajo.

El fuego bajo asegura siempre que un plato salga en su punto, sin pasarse de cocción ni quemarse.

153

Fuentes consultadas

- *Autentic African Cuisine from Ghana* David y Tamminay Otoo
- *Breve introducción a la cultura dominicana* José Luis Sáez
- "José Martí. Aportes antropológicos de un viaje a Santo Domingo en el siglo X1X" en *Ciencia y Sociedad* José Guerrero
- *Culturas africanas. Rebeldes con causa* Aída Cartagena Portalatín
- *Dorinda's Taste of the Caribbean, African-Influenced Recipes from the Islands* Dorinda Hafner
- *Emigración española a Indias. Poblamiento y despoblación antillanos* Luís Arranz Márquez
- *Estudio acerca del origen de las habichuelas con dulce* José Guerrero
- *La cocina dominicana* Ligia de Bornia
- *La herencia indígena en la cultura dominicana de hoy* Bernardo Vega
- *La iglesia metodista wesleyana* José Augusto Puig Ortiz
- *La sociedad taína* Roberto Cassá
- *Las frutas de los taínos* Bernardo Vega
- *Nación y ciudadano en la República Dominicana 1880-1916* Teresita Martínez-Vergne

Índice alfabético de recetas

Esta edición de *El sabor de mi tierra* se terminó
en abril de 2012, en Editora Búho, S.R.L.,
calle Elvira de Mendoza No. 156, Zona Universitaria,
Santo Domingo, República Dominicana.